HISTORIQUE DE LA GUERRE

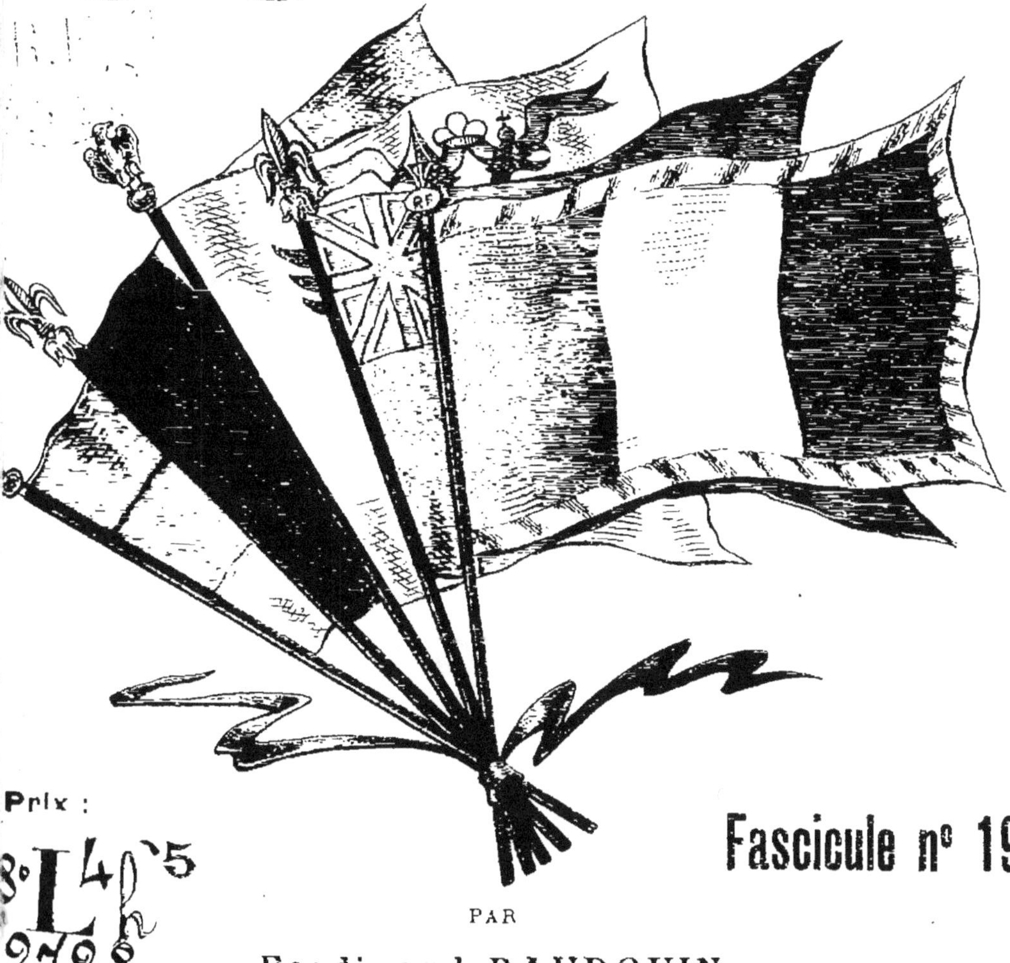

Prix :
8f L4f 5
2728

Fascicule n° 19

PAR

Ferdinand BAUDOUIN

*Ancien Officier de Réserve
de paix à Ruffec, Maire de Couture-d'Argenson (2-Sèvres)
Officier de l'Instruction Publique*

HISTORIQUE
DE
LA GUERRE

PAR

Ferdinand BAUDOUIN

*Ancien Officier de réserve,
Juge de Paix à Ruffec, Maire de Couture-d'Argenson,
Officier de l'Instruction Publique.*

DIX-NEUVIÈME PARTIE

Violents combats au nord d'Arras.
Les progrès des Français s'accentuent en Champagne.
En Prusse orientale et en Bukovine les Russes se replient.
Deux zeppelins sont détruits sur les côtes du Danemarck.
Les Russes continuent leur retraite en Bukovine.
Bombardement de Nieuport par les Allemands.
Violents combats aux Éparges.
La flotte franco-anglaise commence le bombardement des Dardanelles.
Progrès sensibles des Français au nord de Perthes et de Mesnil.
Un zeppelin jette des bombes sur Calais.
Près de Boulogne un sous-marin allemand est coulé par un navire français.
Le torpilleur français « Dague » est coulé à Antivari.
Les Anglais progressent sur la route de La Bassée.
Nouveaux progrès des Français en Champagne.

NIORT
IMPRIMERIE TH. MARTIN
Rue Saint-Symphorien

1915

HISTORIQUE DE LA GUERRE

17 FEVRIER 1915

Violents combats au nord d'Arras. — Les progrès des Français s'accentuent en Champagne. — Des avions français jettent des bombes sur Fribourg-en-Brisgau. — Un charbonnier anglais et un vapeur français sont coulés dans la Manche par un sous-marin allemand. — Les Russes se replient en Prusse Orientale et en Bukovine.

Situation des armées sur le front occidental

Si l'on tient compte de l'ensemble des événements qui se sont produits en Europe depuis quelques jours, on pourrait croire que nous sommes à un tournant de l'histoire de la guerre européenne qui dure depuis plus de six mois. C'est la menace allemande de destruction des navires neutres dans la Manche et la mer du Nord, menace qui soulève les protestations des puissances non belligérantes; c'est l'emprunt bulgare qui paraît être le résultat d'une entente entre cet Etat et les empires germaniques; c'est la Grèce qui, sous un prétexte futile, rappelle son ambassadeur à Constantinople; c'est enfin l'Italie et la Roumanie qui attendent sous les armes l'événement qui les entraînera dans la lutte européenne. Quand se produira l'étincelle qui doit mettre le feu à toutes ces poudres ? Peut-être très prochainement. Sur le front oriental comme sur le front occidental, les adversaires paraissent vouloir abandonner la situation d'attente qui dure depuis le commencement de l'hiver pour déployer une activité beaucoup plus grande. Sur le front oriental, les armées austro-allemandes attaquent énergiquement les Russes partout à la fois, mais le mouvement offensif semble s'accentuer aux deux ailes. Les Russes paraissent fléchir, mais nous avons tout lieu de croire qu'ils obéissent simplement à un mouvement stratégique auquel ils nous ont habitué plutôt qu'ils ne cèdent à la pression de l'ennemi.

Sur le front occidental, c'est en ce moment l'effet contraire qui se produit. Les aviateurs alliés déploient une activité fébrile en Belgique. Leur dernier raid a été effectué par une flotte aérienne de 48 avions qui ont jeté 240 bombes sur l'aérodrome de Ghistelles et les bases navales allemandes de Zeebrugge et d'Ostende. Notre artillerie couvre les tranchées ennemies de projectiles, et pendant que les Allemands se vantent à nouveau de s'ouvrir la route de Calais avant huit jours, nous les délogeons peu à peu de leurs terriers de la Champagne et de l'Argonne. Hier encore, en Champagne, nous avons repoussé dix furieuses contre-attaques et nous avons progressé dans la région de Perthes, Mesnil-les-Hurlus et Beauséjour. En Argonne, nous avons repoussé les attaques allemandes entre le Four-de-Paris et Boureuilles; dans le bois de la Gruerie, nous avons progressé et nous nous sommes maintenus sur les positions conquises, malgré un retour offensif de l'ennemi.

Le sort paraît être favorable à nos armes, et à part quelques échecs partiels inévitables, nous tenons ferme, en attendant le gros effort qui débarrassera notre territoire des hordes ennemies.

F. B.

Nouvelles diverses publiées par les journaux

— Le vapeur français *Ville-de-Lille* a été coulé hier, 16 février, par le sous-marin allemand *U-16*, à hauteur du cap de Barfleur. Il se rendait de Cherbourg à Dunkerque. L'équipage s'est sauvé dans deux embarcations du bord. Le sous-marin se dirigeait vers un navire norvégien lorsqu'une division de torpilleurs de Cherbourg apparut à l'horizon. Il plongea et disparut vers l'Est.

— La Compagnie française des câbles télégraphiques annonce que, dans la nuit du 15 au 16 février, les deux câbles qui reliaient la France à l'Amérique ont été coupés à environ 400 kilomètres de Brest.

— Deux avions allemands ont survolé Montbéliard ce matin; ils ont laissé tomber trois bombes à Sochaux. Deux autres ont survolé les forts de Remiremont; ils n'ont pas lancé de projectiles.

— Dans l'après-midi du 16 février, 40 avions anglais ont jeté des bombes sur Ostende, sur les positons d'artillerie de Middelkerke et sur le môle de Zeebrugge. Afin d'empêcher les aéroplanes allemands de couper la route aux avions britanniques, 8 avions français bombardaient pendant ce temps l'aérodrome de Ghistelles.

— On annonce du front belge que, le 14 février, le roi des Belges a pris part en aéroplane à une reconnaissance au-dessus des lignes allemandes qui a duré une heure.

— L'espion allemand Statler Willy, condamné à mort par le conseil de guerre de Bordeaux, a été fusillé ce matin, 17 février.

— Une explosion vient de se produire à la fabrique d'explosifs de Chedde (Savoie); l'accident a fait plusieurs victimes.

— On annonce du Japon que dans les arsenaux on travaille activement pour mettre la flotte en état d'entrer en campagne.

En Russie. — On annonce de Pétrograd que la manœuvre allemande en Prusse orientale, qui consistait à tourner les ailes de l'armée russe, a complètement échoué; la lutte continue.

Dans les Carpathes, la situation n'est pas modifiée. En

Bukovine, des combats acharnés se livrent autour de Czernovitz. Des masses austro-allemandes considérables se livrent à l'assaut des positions russes, quoiqu'elles soient décimées par le feu de l'artillerie. Les Russes résistent en attendant des troupes de renfort.

Documents historiques, récits et anecdotes

I — LA CONFÉRENCE SOCIALISTE DE LONDRES. — *La motion votée.* — Les représentants des partis socialiste et ouvrier des nations alliées, sur l'initiative de la section britannique du bureau socialiste international, se sont rencontrés à Londres.

Quarante délégués assistaient à la conférence, qui fut présidée par M. Keir Hardie. On remarquait parmi eux : MM. Marcel Sembat, Jean Longuet, Edouard Vaillant, Compère-Morel, Albert Thomas, Emile Vandervelde, Henri Lafontaine, député belge ; Roubanovitch, délégué russe ; Jouhaux, secrétaire de la Confédération générale du travail, et six membres du Parlement anglais : MM. Arthur Henderson, Ramsay, Macdonald, H. Roberts, Hodge, Anderson et Clynes.

M. Jules Guesde, malade, n'a pas pris part aux délibérations.

Un comité, désigné par la conférence, a préparé les termes de la résolution suivante, qui a été adoptée à l'unanimité :

« Cette conférence ne peut pas ignorer les profondes causes générales du conflit européen, qui est en lui-même le produit monstrueux de l'antagonisme qui déchire la société capitaliste et de la politique d'extensions coloniales et d'impérialisme agressif contre lesquels le socialisme international n'a jamais cessé de combattre et dans lesquels chaque gouvernement a sa part de responsabilité.

« L'invasion de la Belgique et de la France par les armées

allemandes menace l'existence même des nationalités indépendantes et porte un coup à la loi des traités.

« Dans ces conditions, la victoire de l'impérialisme allemand serait la défaite et la ruine de la démocratie et de la liberté en Europe.

« Les socialistes de Grande-Bretagne, de Belgique, de France et de Russie ne poursuivent pas l'écrasement de la politique économique de l'Allemagne, ne sont pas en guerre avec les peuples d'Allemagne et d'Autriche, mais seulement avec les gouvernements de ces deux pays qui les oppriment.

« Ils demandent que la Belgique soit libérée et reçoive une compensation. Ils désirent que la question de la Pologne soit réglée conformément aux désirs du peuple polonais soit dans le sens de l'autonomie, si elle est comprise dans un autre Etat, soit en lui accordant une complète indépendance.

« Ils désirent que dans toute l'Europe, de l'Alsace-Lorraine aux Balkans, les populations qui ont été annexées par la force reçoivent le droit de disposer librement d'elles-mêmes.

« Tandis qu'ils sont résolus inflexiblement à combattre jusqu'à ce que la victoire soit obtenue, et à accomplir ce devoir de libération, les socialistes ne sont pas moins résolus à résister à toute tentative ayant pour but de transformer cette guerre défensive en une guerre de conquête, qui ne ferait que préparer de nouveaux conflits, créer de nouveaux abus et soumettre plus que jamais les différents peuples au double fléau des armements de la guerre.

« Fidèles aux principes du socialisme international, les membres de la conférence expriment l'espoir que les classes ouvrières de tous les différents pays se retrouveront bientôt unies dans la lutte contre le militarisme et l'impérialisme capitaliste.

« La victoire des puissances alliées doit être la victoire de la liberté populaire pour l'unité, l'indépendance et l'autonomie des nations dans une fédération pacifique des Etats-Unis d'Europe et du monde.

« A la fin de la guerre, les classes ouvrières de tous les pays industriels doivent s'unir dans l'Internationale, afin de supprimer la diplomatie secrète, mettre fin aux intérêts du militarisme et à ceux des fabricants d'armements et établir une autorité internationale pour régler les divergences entre nations au moyen de la conciliation et de l'arbitrage obligatoire et forcer toutes les nations à maintenir la paix.

« Cette conférence proteste contre l'arrestation des députés de la Douma, contre la suppression des journaux socialistes russes et la condamnation de leurs rédacteurs en chef, ainsi que contre l'oppression des Finlandais, des juifs russes et des Polonais allemands. »

La conférence, ouverte le matin, a siégé jusqu'à huit heures du soir. — (Du *Temps*.)

Dépêches officielles

Premier Communiqué

Malgré une canonnade intense, les avions français et anglais qui ont jeté des bombes hier dans la région de Ghistelles et d'Ostende ont pu rentrer indemnes dans nos lignes. L'artillerie belge a exécuté des tirs efficaces sur des rassemblements et des abris.

En Champagne, dix contre-attaques ennemies ont été repoussées pendant la nuit.

En Argonne, activité assez grande. Nous avons, près de Fontaine-aux-Charmes, détruit un blockhaus et une centaine de mètres de tranchées. Une attaque allemande prononcée par trois bataillons au moins entre le Four-de-Paris et la cote 263 (ouest de Boureuilles) a été très violente. Nous l'avons complètement repoussée en infligeant à l'ennemi de grosses pertes et en faisant **des prisonniers**.

Plus à l'est, dans le bois de Malancourt, nous avons enlevé une centaine de mètres de tranchées.

De la Meuse aux Vosges, rien à signaler.

Deuxième Communiqué

De la mer à l'Oise, notre artillerie a exécuté des tirs efficaces qui ont dispersé de nombreux rassemblements, fait sauter des caissons et détruit des trains.

Au nord d'Arras, nous avons enlevé deux lignes de tranchées et refoulé de violentes contre-attaques; nous avons fait des prisonniers et infligé à l'ennemi de fortes pertes; de nombreux officiers allemands ont été tués.

Dans le secteur de Reims, près de Loivre, les progrès faits dans la journée du 16 (plusieurs centaines de mètres) ont été maintenus et consolidés.

En Champagne, nous avons poursuivi nos gains au nord-ouest de Perthes et enlevé les positions ennemies sur un front de 800 mètres.

Toutes les contre-attaques allemandes au nord de Mesnil-les-Hurlus et de Beauséjour ont été repoussées; nous avons pris un gros lance-bombes, plusieurs petits et fait 200 prisonniers. Le combat continue.

En Argonne, nous avons progressé dans le bois de la Gruerie et maintenu notre gain malgré deux violentes contre-attaques et de très chaudes actions à l'arme blanche qui ont occasionné à l'ennemi des pertes élevées.

Une forte attaque allemande a été complètement repoussée au Four-de-Paris.

Entre Argonne et Meuse nous avons fait des progrès sur divers points.

En Alsace, nous nous sommes rendus maîtres des croupes qui dominent la ferme Sudel et nous avons conservé tout le terrain conquis.

Nos avions ont bombardé la gare de Fribourg-en-Brisgau.

18 FEVRIER 1915

Progrès français dans la région de Boureilles et au sud du bois Cheppy. — Des combats s'engagent dans la région des Éparges. — Les Français réoccupent le village de Norroy (signal de Xon).

Situation des armées sur le front occidental

La journée d'hier a été bien employée par nos troupes de toutes armes et si ce n'est pas encore la poussée formidable qui doit rejeter l'ennemi hors de nos frontières, c'est tout au moins une bonne étape de franchie. De la mer jusqu'au secteur d'Arras, il n'est signalé aucune action autre que celles de l'artillerie. Il paraît cependant qu'une activité très grande de l'ennemi est signalée vers Ypres.

A Roclincourt, un coup de main habilement conduit a rejeté les Allemands de leurs tranchées de première et de seconde lignes, dans la matinée du 17 février. Dans la nuit suivante et dans la matinée du 18, l'ennemi a essayé, par cinq fois différentes, de reprendre les tranchées qui lui avaient été enlevées, mais il n'a pas réussi. La position est, paraît-il, importante, sa prise dégage considérablement Arras.

C'est une bataille importante qui s'est livrée en Champagne les 16 et 17 février, puisque cinq corps d'armée allemands y ont pris part. Les pertes allemandes ont été considérables; de l'aveu des prisonniers eux-mêmes, certains régiments ont perdu le quart, d'autres la moitié des effectifs engagés. Le recul de l'ennemi lui a été très sensible, puisqu'il a essayé par deux violentes contre-attaques, faites dans la nuit du 17 au 18 et dans la matinée du 18 février, de reprendre le terrain perdu. Il a complètement échoué dans ses tentatives et il a laissé à nouveau de nombreux morts sur le terrain.

En Argonne, nos troupes ont progressé à nouveau dans les régions de Boureilles et de Malancourt.

En Lorraine nous avons, dans la matinée du 18, prononcé une attaque contre Norroy, que les Allemands nous avaient enlevé il y a quelques jours et nous l'avons réoccupé, ainsi que toutes nos anciennes positions.

Les Allemands renforcent leurs positions en Alsace sans pouvoir pour cela porter obstacle à nos opérations. Celle signalée hier à la ferme Sudel a été particulièrement brillante. La neige empêcha tout mouvement important.

F. B.

Nouvelles diverses publiées par les journaux

— On télégraphie de Washington que la tension provoquée par l'Allemagne et relative à son intention de couler les navires neutres dans la mer du Nord et la Manche, peut entraîner un conflit entre les Etats-Unis et l'Allemagne.

— Un zeppelin a été obligé d'atterrir à l'île Boulait (Danemark), par suite du mauvais fonctionnement de son moteur. Il s'est brisé en atterrissant.

— Un avion allemand a été descendu à Zurner, région de Dunkerque, par l'artillerie et les avions alliés; les deux aviateurs ont été tués.

— Deux aviateurs allemands se sont noyés et leur appareil a été détruit, le 14 février, près de l'île hollandaise de Schiermonnikog.

— Quatre avions allemands ont survolé Belfort, ce matin 18 février; une vive fusillade les a obligés à s'éloigner. Au retour, ils ont jeté trois bombes à Morvillars; ils ont essayé ensuite, sans succès, de bombarder les usines Mésirey.

— Dans la nuit du 17 au 18 février, un sous-marin allemand a torpillé, devant Dieppe, le vapeur *Dinorah*, qui se rendait à Dunkerque. Le vapeur a été touché dans ses soutes à charbon, il n'a pas été coulé et a été remorqué à Dieppe. Le *Dinorah* est un vapeur autrichien capturé par les Français au début de la guerre.

— On a recueilli, près de Dunkerque, des débris du sous-marin allemand *U-16*. Il y a tout lieu de croire que ce sous-marin a été coulé.

— On annonce que 450 soldats français, grièvement blessés, prisonniers en Allemagne, sont arrivés en Suisse pour être échangés contre un nombre égal de prisonniers allemands se trouvant dans la même situation.

— Deux nouvelles escadres anglaises de quatre cuirassés chacune viennent d'être mises en service. Ces cuirassés, de 28.500 tonnes, filent 25 nœuds; ils sont armés de 8 canons de 381 m/m; chaque projectile lancé par un canon pèse 885 kilog.

— Un télégramme d'Athènes fait connaître que l'incident gréco-turc est réglé à l'entière satisfaction de la Grèce. La Turquie a fait les excuses officielles demandées.

— Le général Pau, se rendant en Russie, est arrivé à Salonique le 17 février; il a été accueilli par la population avec enthousiasme, il a prononcé un discours dans lequel on relève les paroles suivantes : « J'espère que la Grèce se rangera à nos côtés. »

En Russie. — Les combats se poursuivent avec le plus grand acharnement en Prusse orientale, dans les Carpathes et en Bukovine. En Prusse orientale, la retraite des armées russes se continue. En Bukovine, la résistance s'accentue autour de Czernovitch. Les progrès sont toujours sensibles dans les Carpathes.

On annonce de Pétrograd que la Russie se propose d'exécuter une attaque sur Constantinople avec une armée de 300.000 hommes.

Documents historiques, récits et anecdotes

— La civilisation française au Maroc. — Le ministère de la guerre communique la note suivante :

La voie ferrée militaire a atteint Fez le 5 février.

Cet événement, dû à l'activité inlassable du général Lyautey et à la persévérance de ses admirables troupes, a pour conséquence de relier la capitale du Maroc aux ports de l'Océan et de nous rapprocher de l'heure où le rail courra sans interruption de Casablanca jusqu'à Tunis.

Pour bien juger de son importance, il faut se rappeler que l'accord franco-allemand de 1911 ne permettait à la France l'établissement d'aucune voie ferrée au Maroc avant que celle de Tanger-Fez ne fût mise en adjudication, et que la construction de celle-ci était elle-même entravée par les servitudes imposées par l'acte d'Algésiras.

Mais si la France n'avait pas le droit d'établir de chemin de fer commercial, c'est-à-dire à voie de 1 mètre ou de 1 m. 44 avant le Tanger-Fez, il était cependant indispensable d'assurer le ravitaillement des troupes d'occupation et rien ne s'opposait à ce que des voies militaires de 0 m. 60 fussent établies sur les principales lignes d'étapes à desservir par le service du génie.

S'appuyant sur ce principe, on se mit à l'œuvre au lendemain même de notre intervention à Fez, et les travaux furent entrepris à la fois par l'est et par l'ouest du Maroc. Commencés en 1911, ils ont été exécutés par les troupes et services du génie avec une rapidité qui n'a été limitée que par la marche de l'occupation et l'importance des crédits que le département de la guerre a pu mettre chaque année à la disposition du commandant en chef.

La voie ferrée progressait derrière nos troupes et sous leur protection. Ses artisans ne se sont laissés décourager ni par les difficultés rencontrées sur la côte du Maroc occidental et dans les régions montagneuses, ni par les fréquentes attaques des dissidents, ni même par le départ pour le front, au moment de la déclaration de la guerre actuelle, de la plupart des officiers du génie et des troupes actives du Maroc occidental.

Les résultats acquis sont les suivants :

Dans le Maroc oriental, la voie ferrée relie Zoudj-et-Befal, point terminus de la Compagnie de l'Ouest algérien sur la frontière marocaine à Oudjda, résidence du haut commissaire de la République, Taourirt, Geucrif et M'Coun, ces deux postes au-delà de la Moulouya, soit 214 kil. 500 en service.

Le dernier tronçon de cette artère, M'Coun-Taza, est en construction, et le fait est qu'elle atteindra Taza incessamment.

Dans le Maroc occidental, deux lignes sont déjà en exploitation :

1° La voie de Casablanca à Fez, de 344 kilomètres de longueur, qui dessert Rabat, Sale-Kénitra, Dar-el-Hermri et Meknès ;

2° La voie de Casablanca à Ber-Réchid, de 42 kilomètres, poussée jusqu'à Méchra-Bou, Louane sur l'Oum-er-Rébia où elle arrivera ces jours-ci, atteignant alors 127 kilomètres.

Pour compléter ce réseau, deux grandes lignes sont en projet et leur exécution sera entreprise dès l'achèvement des travaux en cours :

1° La jonction de Fez à Taza, 90 kilomètres ;

2° Le prolongement de la ligne Casablanca-Mechra-Bou-Louane jusqu'à Marrakech, 130 kilomètres.

En atteignant Fez, le chemin de fer militaire marque l'une des principales étapes de cette évolution. La paix victorieuse de demain permettra de l'achever.

Dépêches officielles

Premier Communiqué

De la mer à l'Oise, rien de nouveau pendant la nuit.

Il se confirme que le coup de main heureux qui nous a rendus maîtres de deux lignes de tranchées allemandes au nord d'Arras (nord-ouest de Roclincourt) a occasionné à l'ennemi des pertes sérieuses. Nous avons pris un lance-bombes et plusieurs centaines de bombes.

Dans la vallée de l'Aisne et dans le secteur de Reims, combats d'artillerie où nos batteries ont pris nettement l'avantage.

En Champagne, dans la région de Perthes, tout le terrain conquis hier et avant-hier a été conservé. Parmi les nombreux prisonniers que nous avons faits le 16 et le 17 figurent des officiers et des hommes des 6e et 8e corps d'armée actifs, des 8e, 10e et 12e corps d'armée de réserve..

En Argonne, nous avons également maintenu le gain réalisé dans le bois de la Gruerie, au sud de la Fontaine-aux-Charmes. Nous avons d'autre part fait quelques progrès dans la région de Boureuilles, sur la cote 263.

Nos succès entre Argonne et Meuse, signalés dans le communiqué du 17 au soir, nous ont rendus maîtres d'un bois au sud du bois de Cheppy. Nous avons en outre gagné 400 mètres en profondeur au nord de Malancourt et à peu près autant au sud du bois de Forges. Tous ces gains ont été conservés.

De la Meuse aux Vosges, rien à signaler.

Deuxième Communiqué

La journée du 18 ne nous a pas été moins favorable que les deux journées précédentes.

De la mer à l'Aisne, elle a été marquée par des combats d'artillerie. Toutefois, près de Roclincourt, les Allemands ont contre-attaqué cinq fois pour reprendre les tranchées que nous leur avions enlevées le 17; ils ont été repoussés. Plusieurs centaines de cadavres sont restés sur le terrain, parmi lesquels plusieurs officiers.

En Champagne, dans la région de Souain, Perthes, Beauséjour, l'ennemi a prononcé, d'abord dans la nuit du 17 au 18, puis dans la matinée du 18, deux très violentes contre-attaques sur tout le front pour reprendre les tranchées perdues par lui le 16 et le 17. Ces deux contre-attaques ont été repoussées complètement. Nos troupes ont refoulé les assaillants à la baïonnette en maintenant leurs gains. Nous avons pris trois mitrailleuses et fait plusieurs centaines de prisonniers. D'après les déclarations de ces derniers, les régiments allemands engagés ont subi des pertes très élevées atteignant pour quelques-uns le quart, pour quelques autres la moitié de leur effectif. Sur les Hauts-de-Meuse, aux Eparges, où nous avons, le 17, gagné du terrain, celui-ci a été conservé malgré une contre-attaque ennemie.

En Lorraine, dans la région de Xon, nous avons prononcé une attaque qui nous a permis d'enlever le village de Norroy et d'occuper l'ensemble de la position. Il est faux que les Allemands aient, comme l'annonce leur communiqué, évacué Norroy. Ils en ont été chassés.

En Alsace, des détails complémentaires font connaître que le piton sud de la ferme Sudel, conquis par nous mercredi, constituait un réduit formidablement organisé. Nous y avons pris un lance-bombes, cinq mitrailleuses, des centaines de fusils, de boucliers, de bombes, d'outils et de rouleaux de fils de fer, des appareils téléphoniques, des milliers de cartouches et de sacs à terre.

19 FEVRIER 1915

Une attaque allemande à l'est d'Ypres est repoussée. — Les Français continuent à progresser en Champagne. — Nouveau bombardement de Reims. — Deux zeppelins sont détruits sur les côtes du Danemarck. — Les Russes continuent leur retraite en Bukovine. — Le Steamer norvégien « Cap Nord » est coulé dans la Baltique.

Situation des armées sur le front occidental

La journée du 18 février a surtout été employée à consolider les positions que nous avons conquises les jours précédents, tout en résistant aux nombreuses contre-attaques ennemies. Les communiqués officiels du 19 nous donnent l'impression que nous ne nous arrêterons pas en si bon chemin et que nous allons assister prochainement à une nouvelle pression de nos troupes sur un point quelconque du front, peut-être sur plusieurs points à la fois.

En Belgique, ce sont les combats d'artillerie qui dominent, cependant une attaque contre nos positions à l'est d'Ypres a été tentée dans la matinée du 19, sans succès du reste. Arras paraît maintenant complètement dégagé, après notre succès de Roclincourt et notre avance dans la région d'Ecurie, nous menaçons les positions allemandes autour de Lens.

Nous avons eu à résister, dans la nuit du 18 au 19 février, à cinq contre-attaques allemandes dans la région de Perthes et non seulement nous les avons repoussées, mais nous avons progressé à nouveau. Le fait seul de résister aux nombreuses contre-attaques que l'ennemi a opérées depuis deux jours ont un succès indiscutable et ces attaques elles-mêmes démontrent l'importance que l'ennemi attribuait aux positions que nous avons conquises.

La lutte n'est pas moins vive en Argonne où on se bat sans interruption dans le bois de la Gruerie, dont les communiqués nous entretiennent presque chaque jour depuis plusieurs mois.

Dans les Vosges, en face Saint-Dié, entre Lusse et Wissembach, les Allemands avaient réussi à prendre pied sur une hauteur; nous les avons rejetés par une attaque de nuit et malgré tous leurs efforts, ils n'ont pu réoccuper cette position.

On se bat toujours en Alsace, autour de la ferme Sudel; nous avons progressé au nord de cette ferme, dans la direction de le Sattel et nous avons résisté ensuite à une contre-attaque ennemie.

F. B.

Nouvelles diverses publiées par les journaux

— Un pétrolier norvégien de 7.000 tonneaux, le *Belridge*, a été torpillé ce matin, 19 février, dans le détroit du Pas-de-Calais, par un sous-marin allemand; il allait de Newport-News (Etats-Unis) à Amsterdam, où il devait débarquer son chargement de pétrole. Ce bateau a dans le flanc droit un trou énorme; on espère pouvoir le remorquer à Déal.

— On annonce de Copenhague qu'un deuxième zeppelin, le *L-4*, a été détruit à Blaavairdshuk (Danemark).

— Le gouvernement français a décidé de conférer la médaille militaire au maréchal French, commandant en chef des troupes anglaises. C'est le général de Lacroix qui a été désigné pour remettre cette distinction au maréchal French.

— On annonce qu'un sous-marin anglais a réussi à faire sauter la barricade placée à l'entrée du port de Zeebrugge.

rendant ce port momentanément inutilisable pour les sous-marins.

— On annonce de source privée que des pourparlers sont engagés entre les gouvernements roumain et bulgare au sujet d'une autorisation mutuelle qui consiste, pour la Bulgarie, de laisser passer par le territoire bulgare les armes et munitions que la Roumanie a achetées à l'Italie; pour la Roumanie, de laisser passer sur son territoire les armes et munitions qu'elle a achetées en Autriche, soit 36 pièces d'artillerie, 200.000 obus et 3 à 4 millions de cartouches.

— Le lieutenant d'artillerie de l'armée suisse Henri Blancrain vient d'être nommé par décret, au titre étranger et pour la durée de la guerre, lieutenant d'artillerie territoriale, affecté au service de l'aviation.

— Le croiseur français *Desaix* a ramené à Suez le consul de France à Hodeidah, qui a été relâché par les Turcs.

— On annonce de Copenhague que le kaiser, le prince Henri de Prusse et l'amiral von Tirpitz ont quitté Berlin pour se rendre à Héligoland, où ils vont diriger le blocus des côtes anglaises.

En Russie. — L'état-major communique officiellement que les combats engagés en Prusse orientale atteignent leur maximum d'intensité dans la région d'Augustowo; que dans les Carpathes les Autrichiens ont été repoussés sur le front allant de Swidnik au San supérieur; qu'en Bukovine les détachements russes se sont repliés au-delà du Pruth.

On annonce de Vilna qu'un régiment de uhlans, qui a été fait prisonnier tout entier, avec ses officiers et son commandant, vient de passer dans la ville, se rendant à l'intérieur de la Russie.

En Bulgarie. — On signale des mouvements de troupes qui ont une grande importance politique et stratégique. Des troupes sont transportées de la frontière turque sur la frontière grecque; en outre, la Bulgarie continue à fortifier le port de Dedeagath, sur la mer Egée.

Documents historiques, récits et anecdotes

A LA CHAMBRE. — *Séance mémorable du jeudi* 18 *février* 1915. — *Déclaration de M. Viviani.* — *M. Viviani :* Je remercie M. Chaumet d'avoir bien voulu me poser une question qui, dans son esprit comme dans le mien, il vient de l'indiquer, est destinée à nous permettre d'évincer de l'esprit public certaines équivoques, et je suis bien certain, à moins que je ne sois trop présomptueux, qu'après les explications complètes que j'apporte à la Chambre au nom du gouvernement unanime, certains malentendus auront été dissipés.

L'honorable M. Chaumet a bien voulu ne pas douter que le gouvernement qui est sur ces bancs avait maintenu la continuité de vues qui ont été les siennes depuis le début des hostilités; je lui en renouvelle très facilement l'assurance. Et avant de préciser, en les renouvelant, les déclarations antérieures que j'ai été amené à faire à différentes tribunes et auxquelles tout à l'heure il a bien voulu faire allusion, il me sera bien permis, puisqu'il a parlé du gouvernement, de la continuité des vues, de la collaboration de tous les ministres de me retourner précisément vers le gouvernement lui-même, et avec une affectueuse cordialité, de remercier ici hautement, sans en excepter un seul, tous mes collaborateurs du labeur, du dévouement, du courage avec lesquels, portant sur un front tranquille les responsabilités les plus tragiques, ils accomplissent chaque jour et discrètement leur mission. (*Vifs applaudissements.*)

Au surplus, et vous l'allez voir, Messieurs, il m'est aisé de répondre à la question posée.

Le gouvernement, Messieurs, est unanime à penser, et il a déclaré à différentes reprises unanimement, depuis quelques mois, que les responsabilités des événements actuels incombent uniquement aux ennemis de la Triple-Entente. Si l'on regarde dans le passé le plus lointain, on voit que la Triple-Entente n'a fait que suivre et n'a pas provoqué l'augmentation des armements et l'augmentation des effectifs. (*Applaudissements.*)

Si l'on examine le passé le plus récent, on s'aperçoit qu'au seuil même du conflit actuel, la Triple-Entente a renouvelé et multiplié toutes les tentatives pacifistes, et que celles-ci auraient abouti si elles ne s'étaient heurtées à une préméditation devenue maintenant éclatante à la lueur des documents multiples qui de toutes mains ont été versés à un débat historique. (*Salve d'applaudissements.*)

Le gouvernement a dit et il répète qu'il continuera sans défaillance et sans lassitude, d'accord avec ses alliés, la guerre jusqu'au bout. (*Très vifs applaudissements. Acclamations unanimes. Ovations*), jusqu'à la libération morale de l'Europe, jusqu'à la restauration matérielle et politique de la Belgique (*Salve d'applaudissements sur tous les bancs*), jusqu'à la reprise de l'Alsace-Lorraine. (*Salve d'applaudissements et acclamations répétées. Longue ovation.*)

Depuis quarante-quatre ans, Messieurs, d'une façon permanente et plus vivement, j'allais dire plus tendrement, depuis le début des hostilités, l'Alsace-Lorraine, sous toutes les formes, a manifesté son attachement au foyer français. Elle a préparé elle-même par son héroïque fidélité le retour à la patrie mutilée. (*Vifs applaudissements.*)

Si bien que, lorsqu'au jour venu, nous pourrons pour ainsi dire resserrer les bras autour d'elle, nous pourront dire qu'elle nous est revenue non par le fait d'une conquête, mais d'une restitution. (*Longues acclamations et salve d'applaudissements répétés. Mouvements prolongés.*)

Messieurs, ai-je besoin d'ajouter ce que déjà nous avons dit unanimement, qu'attaché au traité du 4 septembre 1914, le gouvernement de la République ne pourra envisager l'éventualité d'une solution pacifique que d'accord avec ses nobles alliés, l'Angleterre et la Russie, dont la fidélité dans les épreuves, l'indomptable énergie, le courage partout déployé sur les champs de bataille, resserreront, s'il était possible, les liens d'une alliance sacrée. (*Salves d'applaudissements, mouvements prolongés.*)

Messieurs, c'est cette alliance, jointe à l'entente qui nous lie à l'intrépide Serbie, qui sauvera la cause de la civilisation et du droit. C'est elle qui sauvera l'Europe, et peut-être le monde de la tyrannie (*Vives acclamations*) que le triomphe du militarisme prussien pourrait lui imposer. (*Applaudissements répétés et unanimes.*)

D'ailleurs, ce ne sont pas seulement les gouvernements qui pensent et qui parlent ainsi, ce sont les peuples eux-mêmes, et l'exemple est offert à tous de ces peuples alliés qui, dans toutes leurs opinions, se rassemblent autour d'une pensée commune et unanime, à savoir que le triomphe de l'impérialisme allemand serait le signal de l'écrasement des libertés des nations. (*Salves d'applaudissements.*)

Ce n'est pas seulement, apportée par le gouvernement, une revendication en faveur du droit. Cette revendication surgit pour ainsi dire de la conscience universelle, et j'ai le droit de dire que peut être jamais l'histoire n'a été admise à contempler un pareil spectacle. (*Très bien! Très bien!*)

Voilà, Messieurs, j'ai le droit de le dire, nécessaires puisqu'on l'a dit, mais je l'espère décisives, par leur précision et leur loyauté, les explications qu'on avait le droit d'attendre du gouvernement. (*Applaudissements.*)

Continuons donc, Messieurs, à accomplir notre tâche. Le Parlement, depuis sa rentrée constitutionnelle, avec conscience, avec labeur, avec compétence, en rivalisant de zèle pour éviter au lieu d'aiguiser les conflits (*Applaudissements*), avec une discrétion exemplaire qui n'est pas incompatible avec le contrôle, a montré ce que peut être dans un grand pays l'accoutumance de la liberté. (*Très bien! Très bien!*)

Continuons donc, chacun à notre poste et chacun à notre rang, à remplir notre devoir, et, si comme il peut arriver dans une nation de 40 millions d'êtres qui est la fille de la révolution bouillonnante, où nous sommes tous accoutumés aux manifestations quelquefois excessives de la liberté, des chocs, des heurts, des polémiques, des malentendus se produisent, eh bien! promettons-nous, au lieu de les envenimer, de les aggraver (*Vifs applaudissements*), de tout faire comme aujourd'hui pour les réduire. (*Nouveaux applaudissements.*)

Ce sacrifice, vous ne le devez pas aux membres du gouvernement; nous le devons tous à la patrie, qui est en droit de l'exiger. Il est d'ailleurs autrement léger que le sacrifice que chaque jour, à toute heure, accomplissent à la frontière, confondus dans la boue des tranchées, tous les fils de la France. (*Salve d'applaudissements répétés.*)

Dans un élan qui soulève l'enthousiasme de l'assemblée, le président du conseil s'écrie :

« Tournons-nous vers ceux qui, chaque jour, aujourd'hui plus qu'hier, nous donnent la certitude du succès. (*Applaudissements.*) Tournons-nous vers ceux qui, accomplissant quotidiennement leur devoir, s'offrent aux sacrifices héroïques, qui défendent non seulement matériellement la France, ce qui d'ailleurs serait suffisant, mais qui, de plus, continuateurs des aïeux, contribuent à préciser dans l'histoire les traits de la personne morale la plus admirable qui se soit dressée dans l'humanité. »

A ces derniers mots, toute la Chambre s'est dressée debout; les acclamations se sont mêlées aux bravos unanimes, tandis que le président du conseil descendait de la tribu et que les députés se pressaient autour de lui pour le féliciter.

M. Chaumet. — Je remercie M. le Président de ses déclarations, qui donnent satisfaction à ceux qui, comme moi, n'ont pas soulevé l'incident dans un esprit de désunion, mais pour obtenir des déclarations qui fortifient l'entente nationale. (*Vifs applaudissements.*)

Dépêches officielles

Premier Communiqué

Rien d'important à signaler depuis le communiqué d'hier soir. Nuit calme; combats d'artillerie assez vifs dans la vallée de l'Aisne et le secteur de Reims.

Dans la région de Perthes, toutes les positions conquises par nous demeurent entre nos mains.

Entre Argonne et Meuse, au pont des Quatre-Enfants, nous avons pris un lance-bombes.

Dans les Vosges, nous avons repoussé deux attaques d'infanterie au nord de Wissembach (région du Bonhomme).

Nous nous sommes d'autre part organisés et consolidés en progressant méthodiquement au nord et au sud de la ferme Sudel.

Deuxième Communiqué

En Belgique, une attaque sur nos tranchées à l'est d'Ypres a été repoussée. L'ennemi avait déployé cinq compagnies en première ligne.

Près de Roclincourt (nord d'Arras), une tentative d'attaque des Allemands a été enrayée.

Bombardement de Reims.

En Champagne, dans la région de Souain, Perthes, Beauséjour, l'ennemi, au cours de la nuit du 18 au 19, a prononcé cinq contre-attaques pour essayer de reprendre les tranchées qu'il avait perdues les jours précédents. Elles ont toutes été repoussées. La lutte a continué aujourd'hui; nous avons réalisé de nouveaux progrès.

En Argonne, quelques coups de main tentés par les Allemands, dans la nuit du 18 au 19, ont échoué. Nous avons détruit un blockhaus ennemi dont nous avons occupé l'emplacement.

Sur les Hauts-de-Meuse, aux Eparges, trois contre-attaques allemandes sur les tranchées que nous avons conquises le 17 ont été arrêtées par le feu de notre artillerie.

Dans les Vosges, entre Lusse et Wissembach (région du Bonhomme), l'ennemi, après avoir réussi à prendre pied sur la cote 607, qu'il avait attaquée avec un régiment, en a été délogé ce matin par une contre-attaque menée de notre côté avec une compagnie et demie. Nous nous sommes maintenus sur la hauteur malgré de violents efforts des Allemands.

Une attaque de l'ennemi sur le Sattel (nord de la ferme Sudel) a été repoussée.

---

20 FEVRIER 1915

Bombardement de Nieuport par les Allemands. — Violents combats aux Eparges. — La flotte franco-anglaise commence le bombardement des Dardanelles. — Ouverture de l'exposition de San-Francisco (Etats-Unis).

Situation des armées sur le front occidental

On nous annonce, toujours de Hollande, la marche allemande sur Calais comme certaine et imminente. Des troupes fraîches en nombre considérable sont concentrées à Courtrai. La plus grande activité règne à Bruges, Roulers et Menin. Des trains chargés de munitions et d'artillerie passent sans discontinuer. Des troupes seront portées en masse sur un point au sud de l'Yser, etc., etc.

En attendant ce gros effort, des effectifs allemands, que

l'on peut évaluer à cinq compagnies, ont dirigé hier une attaque furieuse contre nos positions à l'est d'Ypres, probablement sur Zonnebecke, attaque qui a du reste complètement échoué et qui a causé de grosses pertes à l'assaillant. Sa première ligne a attaqué à la baïonnette, mais ses réserves ont été décimées par notre artillerie sans pouvoir prendre part au combat. Cette tentative doit donner à l'ennemi, s'il n'est pas trop présomptueux, une impression de ce que sera sa marche sur Calais.

Les Allemands s'acharnent en Champagne à reconquérir les positions qu'ils ont perdues ces derniers jours, mais sans pouvoir y parvenir; nous avons au contraire progressé au nord de Perthes.

On signale en Argonne un calme relatif. Il n'en est pas de même en Woëvre, dans la région des Eparges, où après avoir repoussé six contre-attaques ennemies, nous avons attaqué nous-mêmes et progressé légèrement, faisant 200 prisonniers et nous emparant de plusieurs mitrailleuses.

A relater également, pour la journée d'hier, un léger succès au sud de Lusse, dans les Vosges, et un léger échec au Sattel. Les Allemands se sont emparés d'une position où nous avions un poste avancé, au Reichackerkopf. Il est vrai que le combat n'a rien de décisif puisqu'il n'est pas terminé. Le Sattel et Reichackerkopf sont près de la ferme de Sudel, au nord-est de Thann (Alsace).

En résumé, nos opérations du 19 février nous ont été aussi favorables que celles des journées précédentes, quoique un peu moins importantes.

F. B.

Nouvelles diverses publiées par les journaux

M. Augagneur, ministre de la marine, a fait connaître au conseil des ministres que la flotte anglo-française avait bombardé efficacement, le 19 février, les forts des Dardanelles.

— On télégraphie de Londres que ce matin, 20 février, à 11 heures, un sous-marin allemand a torpillé, sans avis préalable, le vapeur *Cambairk*, de Cardiff, au large de l'île d'Anglesey.

— Le steamer norvégien *Bjocrke*, allant de Leith à Nakstow, a heurté une mine, le 20 février, à 8 heures, et a coulé. Son équipage a été sauvé.

— On annonce que l'Allemagne envoie à Blankenberghe et à Zeebrugge des mines à contact qu'elle a l'intention de faire semer dans la Manche.

— Des aviateurs alliés ont à nouveau survolé Zeebrugge, le 17 février au matin; ils ont jeté des bombes et endommagé un sous-marin. Ces raids sur Zeebrugge inquiètent considérablement les Allemands.

— Un aéroplane autrichien a survolé Cettigne (Monténégro), le 18 février; il a lancé neuf bombes qui ont fait quelques victimes.

— Le journal la *Libre Parole* vient d'être suspendu pour quinze jours pour avoir reproduit, malgré l'interdiction de la censure, le texte de la question que M. Gaudin de Villaine devait lire au Sénat et relative à la conférence socialiste de Londres.

— Le général Pau est arrivé le 19 février à Nisch (Serbie). Il a été l'objet de manifestations sympathiques de la population.

— La brigade de fusiliers marins, après s'être reconstituée à Dunkerque, vient de partir pour le front.

En Russie. — La retraite russe en Prusse orientale se poursuit d'une façon normale entre le Niémen et la Vistule. En Bukovine, le mouvement de retraite paraît terminé. Les troupes russes et austro-allemandes sont en contact sur les rives de la Pruth. Cette rivière constitue un nouveau front russe et nos alliés ne paraissent pas disposés à la laisser franchir par leurs adversaires.

Sur le reste du front, en Pologne et dans les Carpathes, la situation est la même.

En Italie. — On télégraphie de Genève que le gouvernement italien a commencé depuis cinq jours la réquisition des chevaux et mulets en Sicile.

En Turquie. — On signale un refroidissement dans les relations entre Jeunes-Turcs et Allemands. La cause en est l'échec de l'expédition contre l'Egypte, dont la nécessité n'était pas reconnue par les Turcs et que les Allemands ont fait organiser dans un but intéressé.

On annonce de Pétrograd que parmi les prisonniers turcs du Caucase il ne se trouvait aucun instructeur allemand. Les prisonniers ont déclaré qu'avant de se rendre ils les poignardèrent tous.

Documents historiques, récits et anecdotes

LES AVENTURES D'UN CHAUFFEUR D'AUTOMOBILE FRANÇAIS. — *Prisonnier des Allemands délivré par les nôtres.* — Un conducteur d'auto, attaché à l'état-major d'une de nos armées en campagne, vient d'être le héros d'une aventure particulièrement fertile en péripéties émouvantes. Le 26 décembre, alors qu'il regagnait son cantonnement après avoir effectué une reconnaissance dans la région de Nieuport, il fut surpris par une patrouille ennemie, et, malgré une courageuse résistance, il fut capturé et conduit devant l'état-major installé à Ostende. Là, on lui signifia que dorénavant il piloterait deux officiers allemands, dont le chauffeur avait été tué récemment. Quelques heures plus tard, revêtu d'un uniforme prussien, il conduisait, bien à contre-cœur, une HP ornée de l'aigle impérial.

Dès lors, commença pour lui une existence infernale. Les deux officiers ne lui laissèrent pendant six semaines aucun repos, l'employant jour et nuit, lui faisant exécuter sans cesse des randonnées interminables. Lorsque le malheureux conducteur, épuisé par la fatigue et le sommeil, manifestait quelque lassitude, il était frappé à coup de pied et de cravache. Le 2 février, après une course éperdue à travers les plaines flamandes, l'auto stoppa dans un petit village voisin de la grande dune. Les officiers décidèrent d'y passer la nuit. Ils enfermèrent le chauffeur dans une grange, le placèrent sous la surveillance d'une sentinelle et se retirèrent. Au milieu de la nuit, notre conducteur fut brusquement tiré de son sommeil par une violente fusillade. Le village était désert, le ciel éclairé par de vives lueurs, décelant un terrible combat d'artillerie. Soudain, à quelques centaines de mètres, il aperçoit une troupe en marche. Quelle fut sa joie, on le devine, en reconnaissant des Français. Il s'élança à leur rencontre, tout frémissant. Mais il avait compté sans sa capote grise et sa casquette plate. En le voyant, nos soldats braquèrent leurs armes. N'ayant d'autre ressource, le conducteur leva les bras en l'air et se laissa prendre, puis il tenta de narrer son aventure. Mais, rendus méfiants par les ruses aussi lâches que variées qu'emploient les Allemands pour tromper leurs adversaires, nos « poilus » manifestèrent une incrédulité qui eut le don d'exaspérer le brave chauffeur. Il traduisit son indignation en termes si... parisiens que les soupçons de ses camarades ne tardèrent pas à s'évanouir. Lorsque, un peu plus tard, le commandant du secteur se fit présenter le faux boche, ainsi que l'avaient déjà surnommé nos soldats, il le félicita chaleureusement d'avoir échappé à ses bourreaux.

Dépêches officielles

Premier Communiqué

En Belgique, l'ennemi a bombardé Nieuport-Bains et les Dunes; ses batteries ont été efficacement contre-battues par les nôtres.

Les Allemands paraissent avoir engagé des forces importantes dans l'attaque dirigée hier contre nos tranchées à l'est d'Ypres. Après un bombardement intense de nos positions, ils ont attaqué à la baïonnette, mais ils ont été repoussés et notre artillerie a pris sous son feu les réserves qui devaient appuyer l'attaque. Les pertes allemandes ont été très élevées.

De la Lys à l'Oise et sur l'Aisne, dans la région de Berry-au-Bac, grande activité d'artillerie.

Il se confirme que les pertes de l'ennemi en Champagne, au cours des dernières journées, ont été considérables. D'après les dires des prisonniers, un bataillon aurait été anéanti.

Sur les Hauts-de-Meuse, à la fin de la journée d'hier, l'ennemi a prononcé contre les tranchées que nous avons conquises aux Eparges, une quatrième contre-attaque enrayée comme les trois précédentes par le feu de notre artillerie.

Dans les Vosges, l'ennemi a continué sans succès ses contre-attaques sur la cote 607 (sud de Lusse).

Au Sattel (sud de Lafecht), l'ennemi est parvenu à prendre pied sur l'éperon est (Reichackerkopf). La lutte continue sur ce point où nous avions un poste avancé. La pluie et la neige tombent dans les Vosges.

Deuxième Communiqué

En Belgique et sur tout le front, jusqu'à Reims inclus, canonnades et fusillades.

Notre action continue en Champagne dans de bonnes conditions; nous avons repoussé plusieurs contre-attaques et fait de nouveaux progrès au nord de Perthes en occupant un bois que l'ennemi avait fortement organisé.

En Argonne, quelques engagements peu importants.

Aux Eparges (sud de Verdun), après avoir repoussé une sixième contre-attaque de l'ennemi, nous avons prononcé une nouvelle attaque qui nous a permis d'élargir et de compléter les progrès réalisés hier. Nous avons pris 3 mitrailleuses, 2 lance-bombes, fait 200 prisonniers, dont plusieurs officiers.

Sur les positions que nous avons enlevées à Xon, nous avons trouvé des morts appartenant à cinq régiments différents.

---

21 FEVRIER 1915

Combats autour d'Ypres. — Progrès sensibles des Français au nord de Perthes et de Mesnil. — Une offensive allemande dans la vallée de la Fecht est arrêtée. — Les Russes résistent en Prusse Orientale sur leurs lignes de défense Ossowiez-Lowza et Plousk.

Situation des armées sur le front occidental

La journée d'hier n'a pas été marquée par des évènements de grande importance. Les combats ont cependant continué sur l'ensemble du front avec une grande énergie de part et d'autre; les Allemands n'acceptent pas de gaieté de cœur leur échec de la semaine précédente dans la région de Souain, Perthes et Massiges, et nous ne sommes nullement disposés à leur laisser reprendre le terrain que nous leur avons laborieusement enlevé.

Les communiqués officiels signalent quelques actions dans la région d'Ypres et la reprise par les alliés d'une tranchée que les Allemands avaient tout d'abord réussi à enlever.

Dans la journée d'hier, nous avons refoulé les contre-attaques allemandes sur le front Souain-Massiges, et à la suite de nouvelles attaques ennemies qui se sont produites dans la matinée du 21 février, nous avons réalisé de nouveaux progrès, notamment au nord de Mesnil-les-Hurlus.

Les contre-attaques allemandes se succèdent également sans discontinuer sur les positions que nous avons récemment conquises aux Éparges; en Woëvre, nous résistons énergiquement.

Dans les Vosges, les combats continuent, malgré les tempêtes de neige. Nous cherchons à nous emparer des sommets ou des défilés qui nous seront de la plus grande utilité pour les opérations futures et l'ennemi emploie toute sa vigueur à résister à notre avance et à se dégager de notre étreinte.

Aucune opération n'est signalée en Haute-Alsace. De part et d'autre on fortifie les positions occupées afin d'éviter l'offensive ennemie. Les Allemands ont, disent-ils, rendue imprenable la position d'Altkirch, qu'ils considèrent comme la clé de la Haute-Alsace. Là, comme ailleurs, malgré leurs travaux de défense, il viendra bien un jour où les Français les obligeront à la retraite.

F. B.

Nouvelles diverses publiées par les journaux

— On annonce de Buenos-Aires (République argentine) que le croiseur auxiliaire allemand *Holger*, venu à Buenos-Aires avec les équipages et les passagers de navires coulés dans l'Atlantique, n'ayant pas quitté le port dans le délai de 24 heures qui lui avait été imparti, a été retenu pour être désarmé.

— Les autorités autrichiennes ont perquisitionné à bord du vapeur italien *Tripoli*, arrivé récemment à Venise, et ont arrêté cinq déserteurs autrichiens qui, habillés en marins, s'étaient cachés sous les chaudières.

— On télégraphie de Copenhague que le steamer *Cap-Nord*, battant pavillon norvégien, a été coulé par une mine dans la Baltique.

— La flotte franco-anglaise qui a bombardé les forts d'entrée des Dardanelles, le 19 février, était composée de douze vaisseaux de haut rang et de vingt torpilleurs. Les cuirassés français qui ont participé au bombardement sont le *Suffren*, le *Gaulois* et le *Bouvet*. L'escadre était commandée par l'amiral anglais Carden. Les forts de El-Homidich et de Kum-Kalj, sur la côte asiatique, ont été détruits. Ceux de Kum-Kaleb et du cap Helles ont été très endommagés. Le bombardement a été repris le 20 février.

— Un aéroplane allemand qui survolait Bonfol a essuyé le feu des troupes suisses et a été atteint par neuf projectiles.

— Le gouvernement général de l'Indo-Chine annonce que l'empereur d'Annam et le conseil de régence ont décidé d'offrir au général Joffre la décoration du grand Kimkhand de 1re classe, avec chaînette d'or et brevet brodé sur soie.

En Russie. — Une bataille est engagée à l'aile droite russe, sur les rives droites de la Bobr et de la Narew, entre Ossowec et Plosk; les Allemands, qui opèrent par grandes masses, ne sont plus qu'à 20 kilomètres de Novo-Georgievsk et à 36 kilomètres de Varsovie; ils ont donc l'intention évidente d'attaquer Varsovie par le nord et par l'ouest. Une bataille importante va se livrer dans cette région; de son résultat dépendra le sort de Varsovie.

Dans les Carpathes, la situation est toujours favorable aux Russes. Deux sorties de la garnison de Przemysl ont été repoussées.

En Bukovine, l'armée austro-allemande semble remonter vers le Nord.

De graves événements se préparent sur la frontière orientale. Nous avons tout lieu d'espérer qu'ils seront favorables à nos alliés.

Documents historiques, récits et anecdotes

LA FRANCE ET L'ANGLETERRE DÉSIRAIENT LA PAIX. — Le Livre blanc publié apporte, contre les assertions allemandes, d'après lesquelles la Grande-Bretagne aurait désiré la guerre, une nouvelle preuve irréfragable.

Voici le texte d'une lettre de M. Poincaré au roi George :

« Paris, 31 juillet 1914.

« Cher et grand ami,

« Dans les circonstances graves que traverse l'Europe, je crois devoir communiquer à Votre Majesté les renseignements que le gouvernement de la République a reçus d'Allemagne.

« Les préparatifs militaires auxquels se livre le gouvernement impérial, notamment dans le voisinage immédiat de la frontière française, prennent chaque jour une intensité et une accélération nouvelle.

« La France, résolue à faire jusqu'au bout tout ce qui dépendra d'elle pour maintenir la paix, s'est bornée jusqu'ici aux précautions les plus indispensables, mais il ne semble pas que sa prudence et sa modération ralentissent les dispositions de l'Allemagne, loin de là. Nous sommes donc peut-être, malgré la sagesse du gouvernement de la République et le calme de l'opinion, à la veille des événements les plus redoutables.

« De toutes les informations qui nous arrivent, il résulte que si l'Allemagne avait la certitude que le gouvernement anglais n'intervienne pas dans un conflit où la France serait engagée, la guerre serait inévitable, et qu'en revanche, si l'Allemagne avait la certitude que l'entente cordiale s'affirmerait, le cas échéant, jusque sur les champs de bataille, il y aurait les plus grandes chances pour que la paix ne fût pas troublée.

« Sans doute nos accords militaires et navals laissent entière la liberté du gouvernement de Votre Majesté et dans les lettres échangées en 1912 entre sir Edward Grey et

M. Cambon, l'Angleterre et la France se sont simplement engagées l'une vis-à-vis de l'autre à causer entre elles en cas de tension européenne et à examiner ensemble s'il n'y a pas lieu à une action commune, mais le caractère d'intimité que le sentiment public a donné, dans les deux pays, à l'entente de l'Angleterre et de la France, la confiance avec laquelle nos deux gouvernements n'ont pas cessé de travailler au maintien de la paix, les sympathies que Votre Majesté a toujours témoignées à la France, m'autorisent à lui faire connaître, en toute franchise, mes impressions, qui sont celles du gouvernement de la République et de la France entière.

« C'est, je crois, du langage et de la conduite du gouvernement anglais que dépendent désormais les dernières possibilités de solution pacifique.

« Nous avons nous-mêmes, dès le début de la crise, recommandé à nos alliés une modération dont ils ne se sont pas départis. D'accord avec le gouvernement royal et conformément aux dernières suggestions de sir Edward Grey, nous continuerons à agir dans le même sens, mais si tous les efforts de conciliation partent du même côté et si l'Allemagne et l'Autriche peuvent spéculer sur l'abstention de l'Angleterre, les exigences de l'Autriche demeureront inflexibles et un accord deviendra impossible entre la Russie et elle.

« J'ai la conviction profonde qu'à l'heure actuelle, plus l'Angleterre, la France et la Russie donneront une forte impression d'unité dans leur action diplomatique, plus il sera encore permis de compter sur la conservation de la paix.

« Votre Majesté voudra bien excuser une démarche qui n'est inspirée que par le désir de voir l'équilibre européen définitivement raffermi.

« Je prie Votre Majesté de croire à mes sentiments les plus cordiaux.

« Raymond Poincaré. »

Voici la réponse du roi :

« Buckingham-Palace, 1ᵉʳ août 1914.

« Cher et grand ami,

« J'apprécie on ne peut plus hautement les sentiments qui vous portèrent à m'écrire dans un esprit si cordial et si amical et je vous suis reconnaissant d'avoir exposé vos vues si complètement et si franchement.

« Vous pouvez être assuré que la situation actuelle de l'Europe est pour moi une cause de beaucoup d'anxiété et de préoccupation et je suis heureux à la pensée que nos deux gouvernements ont travaillé ensemble si amicalement pour tâcher de trouver une solution pacifique aux questions à résoudre. Ce serait pour moi une source de réelle satisfaction si nos efforts combinés aboutissaient à un succès et je ne reste pas sans espoir que les terribles événements qui semblent si proches pourront être empêchés.

« J'admire le sang-froid dont vous et votre gouvernement faites preuve en vous gardant de prendre à la frontière des mesures militaires exagérées et d'adopter une attitude susceptible le moins du monde d'être interprétée comme une provocation.

« Je fais personnellement tous les efforts afin de trouver quelque solution qui permette en tous cas d'ajourner les opérations militaires actives et de laisser aux puissances le temps de discuter entre elles avec calme.

« J'ai l'intention de poursuivre ces efforts sans relâche tant qu'il restera un espoir de règlement amical.

« Quant à l'attitude de mon pays, les événements changent si rapidement qu'il est difficile de prévoir ce qui se passera, mais vous pouvez être assuré que mon gouvernement continuera de discuter franchement et librement avec M. Cambon tous les points de nature à intéresser les deux nations.

« Croyez-moi, monsieur le Président, etc...

« GEORGE, roi-empereur. »

Dépêches officielles

Premier Communiqué

En Belgique, quelques actions d'infanterie dans le secteur d'Ypres; nous avons repris un élément de tranchée que l'ennemi avait occupé un moment. Il se confirme que les Allemands ont laissé sur le terrain plusieurs centaines d'hommes; nos pertes sont peu élevées.

En Champagne, tous nos gains ont été maintenus. Deux contre-attaques ennemies, à la fin de la journée d'hier, ont échoué.

Dans les Vosges, nous avons repoussé trois attaques, une sur la rive nord de la Fecht, deux sur la rive sud. Nous avons ensuite contre-attaqué. Le combat continue.

Deuxième Communiqué

Canonnade intermittente de la mer à l'Aisne avec des tirs très efficaces de notre artillerie.

En Champagne, une contre-attaque ennemie brillamment refoulée a été suivie d'une poursuite énergique qui nous a rendus maîtres de la totalité des tranchées allemandes au nord et à l'est du bois enlevé par nous hier.

Sur le reste du front de combat, deux autres contre-attaques ont été repoussées et nous avons réalisé de nouveaux progrès, notamment au nord de Mesnil. Nous avons pris deux mitrailleuses et fait une centaine de prisonniers.

L'ennemi a prononcé aux Eparges une septième contre-attaque pour nous reprendre les positions conquises par nous depuis deux jours; elle a échoué aussi complètement que les précédentes.

22 FEVRIER 1915

Un zeppelin jette des bombes sur Calais. — Un avion allemand jette des bombes sur Colchester et sur Braintrée (Angleterre). — Nouveau bombardement de Reims. — Les Français progressent dans la région des Éparges.

Situation des armées sur le front occidental

Une assez grande activité se manifeste sur l'ensemble du front. De la mer du Nord à l'Aisne, les combats d'artillerie sont la note dominante. De l'Aisne à l'extrémité du front, en Haute-Alsace, les actions d'infanterie sont nombreuses, et sur certains points c'est une bataille non interrompue qui se livre depuis plusieurs jours et qui paraît devoir continuer. Cette bataille revêt surtout une grande intensité en Champagne et en Argonne. En Champagne, nous avons réalisé de nouveaux progrès sur le front Souain-Beauséjour et nous avons résisté à toutes les contre-attaques ennemies. Il résulte de renseignements provenant de source privée que dans cette région les Allemands ont été complètement rejetés de leurs lignes de défense et que nous avons atteint différentes crêtes qui nous permettent de dominer leurs positions et d'empêcher qu'ils puissent exécuter de nouveaux travaux, tout au moins sur une profondeur assez étendue.

En Argonne et en Woëvre, au nord-ouest et au sud-est de Verdun, les progrès que nous avons réalisés ont encore dégagé cette forteresse. Dans le bois de la Gruerie, près de Fontaine-aux-Charmes, de Marie-Thérèse et du bois Bolante, nous avons enlevé quelques tranchées à l'ennemi et au bois Cheppy, au sud-est de Varennes, nous avons enlevé une tranchée à l'ennemi dans la journée du 21 février, puis nous avons élargi et consolidé ce gain.

De violents combats se continuent autour des Eparges (sud-est de Verdun). La lutte, dont le résultat paraissait indécis dans la journée d'hier, a tourné à notre avantage et le communiqué du soir nous fait connaître que nous tenons maintenant la presque totalité des positions ennemies.

En Alsace, nos avant-postes se sont repliés devant une attaque ennemie dirigée sur les deux rives de la Fecht. Par contre, nous avons occupé presque entièrement le village de Stosswihr.

F. B.

Nouvelles diverses publiées par les journaux

— Un zeppelin a survolé Calais ce matin, 22 février, à 4 h. 15. Sa randonnée a duré de 6 à 8 minutes et il a jeté dix bombes qui ont fait cinq victimes. Une bombe jetée près de la gare des Fontinelles a endommagé la voie.

— Un aéroplane allemand a survolé l'Angleterre hier soir, 21 février; il a jeté une bombe à Colchester, trois bombes sur Braintrée et une bombe sur Coggeshall, puis il est parti dans la direction de la mer.

— Des aviateurs français ont survolé, le même jour, Fribourg-en-Brisgau, où ils ont jeté des bombes; au retour ils ont également bombardé Mulhouse. Les dégâts sont inconnus.

— On annonce de Londres — mais il y a lieu d'accréditer cette nouvelle sous toutes réserves — qu'un sous-marin allemand s'est empêtré dans les filets protecteurs du port de Douvres. Il a été capturé. Un second sous-marin fut aperçu au même moment et canonné; les autorités maritimes considèrent qu'il a été coulé.

— Le gouvernement américain vient d'être informé que le steamer américain *Evelyn,* qui transportait du coton de

New-York à Brême, a heurté une mine le **19 février**, au nord de Porkun et a coulé. L'équipage a été sauvé.

— Le vapeur charbonnier *Downshire* a été coulé par un sous-marin allemand le 20 février, près du « Calf of Man »; l'équipage a gagné dans ses canots le port de Dundrum.

— Le général de division Louis Loyseau de Grandmaison vient d'être tué près de Soissons par un éclat d'obus.

En Russie. — L'offensive allemande en Prusse orientale paraît définitivement enrayée. Il en est de même en Bukovine et sur les deux ailes, les armées russes, après avoir terminé leur concentration en arrière, paraissent disposées à opérer une contre-offensive.

La bataille gigantesque qui se poursuit dans les Carpathes depuis bientôt deux mois, ne paraît pas devoir se terminer bientôt. Certaines hauteurs sont tantôt entre les mains des Russes, tantôt entre celles des Austro-Hongrois; elles changent parfois d'occupant trois fois en vingt-quatre heures.

Aux environs d'Oujok, les Russes se sont emparés d'un avion allemand monté par deux Allemands et un Autrichien. Un autre avion a été abattu par les Russes comme il quittait Przemysl.

— Un ukase impérial vient d'ordonner l'émission d'un emprunt de un milliard de roubles.

En Italie. — Le gouvernement italien vient d'autoriser la Serbie à occuper certains points stratégiques en Albanie.

Des torpilleurs autrichiens ont bombardé deux vapeurs italiens dans les eaux d'Antivari. Cette nouvelle a produit une grande impression en Italie.

Documents historiques, récits et anecdotes

— SEUL CONTRE DOUZE. — *Un caporal tue six Allemands et en fait prisonniers six autres.* — Le caporal Marcel Lefèvre, du 2ᵉ régiment d'infanterie, cité une première fois à l'ordre du régiment, puis une seconde fois à l'ordre de l'armée, vient de recevoir la médaille militaire à l'occasion d'un brillant fait d'armes dont il a été le héros.

Sans s'inquiéter du feu très violent de l'ennemi, le caporal Lefèvre n'hésita pas à franchir la cour d'une école pour pénétrer dans la cave d'une maison située en face, où se cachaient douze soldats allemands.

Il parvint avec un courage au-dessus de tout éloge à tuer six Prussiens; les six autres jetèrent alors leurs armes et levèrent les bras en implorant grâce; Lefèvre les fit alors prisonniers.

Comme il revenait dans nos lignes avec les six Allemands, il essuya à nouveau le feu de l'ennemi et fut atteint par une balle qui lui traversa le bras gauche.

Le caporal Marcel Lefèvre est actuellement soigné à l'hôpital temporaire de Gueugnon (Saône-et-Loire).

Dépêches officielles

Premier Communiqué

Rien d'important à ajouter au communiqué du 21 février au soir.

Entre Argonne et Meuse, à la lisière du bois de Cheppy, nous avons enlevé une tranchée ennemie et élargi nos positions.

Aux Eparges, nous avons, sur un point, gagné du terrain et légèrement reculé sur un autre.

Des combats d'infanterie, où l'ennemi a engagé trois régiments, se sont poursuivis en Alsace sur les deux rives de la Fecht. Nos avant-postes se sont repliés sur notre ligne de résistance que nous occupons fortement. L'ennemi a attaqué en formations denses et profondes qui lui ont occasionné de lourdes pertes.

Deuxième Communiqué

Un zeppelin a bombardé Calais ce matin. Il a lancé dix projectiles, tué cinq personnes appartenant à la population civile et causé quelques dégâts matériels sans importance.

Nos batteries ont démoli une pièce lourde établie près de Lombaertzyde.

Entre la Lys et l'Aisne, tirs efficaces de notre artillerie sur des rassemblements et des convois qui ont été dispersés.

L'ennemi a bombardé Reims violemment dans la nuit du 21 au 22 et dans la journée du 22. Ce bombardement a fait d'assez nombreuses victimes, auxquelles les Allemands ont ainsi fait payer leurs échecs de ces derniers jours.

Sur le front Souain-Beauséjour, nous avons réalisé de nouveaux progrès, enlevé une ligne de tranchées et deux bois, repoussé complètement deux contre-attaques particulièrement violentes, fait des prisonniers nombreux et infligé à l'ennemi des pertes élevées.

En Argonne, notre artillerie et notre infanterie ont pris l'avantage, notamment près de Fontaine-aux-Charmes et de Marie-Thérèse, ainsi qu'au bois Bolante.

Entre Argonne et Meuse, nos progrès des deux derniers jours au bois de Cheppy ont été élargis et consolidés.

Aux Eparges, nous avons, par de nouvelles attaques, continué à gagner du terrain. Nous tenons maintenant la presque totalité des positions ennemies; Combres (sud-est des Éparges) est ainsi sous notre feu.

Au bois Bouchot (sud des Eparges), une attaque allemande a été repoussée.

Au bois Brûlé (forêt d'Apremont), nous avons enlevé une tranchée.

En Alsace, nous avons occupé la plus grande partie du village de Stosswihr, dont nous ne tenions hier que les lisières.

23 FEVRIER 1915

Des attaques allemandes sur Lombaertzyde sont repoussées. — Une attaque allemande sur Stosswihr (Vosges) est repoussée. — Un navire français coule un sous-marin allemand près de Boulogne. — Le vapeur américain « Carib » est coulé dans la mer du Nord. — Les Russes se préparent à prendre l'offensive en Prusse Orientale, sur Grodno et Prasnysz.

Situation des armées sur le front occidental

Les communiqués d'aujourd'hui nous annoncent que la journée a été relativement calme. La situation est très satisfaisante sur l'ensemble du front et partout nous paraissons maîtres de la situation.

L'ennemi se venge de ses échecs en Champagne en bombardant Reims d'une façon intensive. Avant son départ, il tient à détruire complètement la ville; plus de 1.500 obus sont tombés sur les différents quartiers et sur les restes de la cathédrale. Des maisons ont été incendiées et de paisibles habitants ont été tués.

Les Allemands reculent toujours en Champagne sur le front de 12 kilomètres qui s'étend du nord de Souain au nord de Beauséjour.

Des opérations importantes ont eu lieu depuis quelques jours dans les Vosges et dans la Haute-Alsace. Les Allemands ont fait d'actifs efforts pour pénétrer dans la vallée de Saint-Amarin et menacer Belfort, mais ils ont complètement échoué devant la résistance de nos troupes.

Depuis deux jours, c'est dans la vallée de la Fecht que se manifeste leur activité. Si d'un côté nous nous sommes repliés sur des positions fortifiées, d'un autre côté, nous avons attaqué Stosswihr, village à l'ouest de Colmar; cette avance n'était pas du goût de l'ennemi qui a essayé, dans la matinée du 23 février, de déboucher de la partie du village qu'il occupe encore et de nous reprendre le terrain qu'il avait perdu la veille. Son attaque n'a pas eu de succès, elle a été immédiatement arrêtée.

Dans les Flandres, il n'y a rien d'important à signaler, mais les combats d'infanterie succèdent continuellement aux duels d'artillerie. Il s'effectue des opérations isolées qui dans leur ensemble ont une certaine valeur. Les troupes anglaises se portent avec régularité sur de nouvelles positions.

F. B.

Nouvelles diverses publiées par les journaux

— On annonce officiellement que le 23 février, à 7 h. 30 du matin, un bâtiment de la 2e escadre légère française a canonné un sous-marin allemand naviguant en surface, à hauteur de Boulogne; le sous-marin a été atteint par plusieurs projectiles avant de plonger. Il a dû être détruit, car une nappe d'huile a été constatée au point où il a disparu.

— Le steamer norvégien *Regin* a été torpillé aujourd'hui par un sous-marin allemand, entre Douvres et Margate. L'équipage a été recueilli par un destroyer anglais et débarqué à Douvres.

— Le chalutier français *Marie-de-Boulogne* a heurté une mine et a coulé à hauteur du casino de Dunkerque, le 20 février.

— Un aviateur allemand a survolé Pont-à-Mousson le 21 février; il a jeté quatre bombes qui n'ont causé aucun dommage.

— Deux aviateurs allemands se sont tués à Schleiss (Bavière) en essayant de faire des vols planés.

— Les sapeurs aviateurs français Flamant et Auffrère

faisaient des essais sur un biplan, à l'aérodrome de Buc, lorsque l'appareil fut pris dans un remous et vint se briser sur le sol. Les deux aviateurs ont été tués.

— Le colonel d'infanterie coloniale Marchand est nommé général de brigade.

— On annonce de Londres la mort du général anglais John Gough, qui se distingua pendant la retraite de Mons, au début de la campagne.

En Russie. — Les combats continuent sur un front parallèle à la frontière de Prusse orientale, sur une étendue de 250 kilomètres. Cette formation des lignes russes, appuyées sur des forteresses du nord de la Pologne, couvrent l'accès de Varsovie par le nord. Les troupes russes ont reçu des renforts; il faut s'attendre à une résistance énergique sur certains points et à la reprise de l'offensive sur d'autres points.

Sur tout le reste du front, la bataille continue très ardente, notamment dans les Carpathes et en Bukovine.

Près de la frontière roumaine se déroule entre les Russes qui sont retranchés à Bojan, à l'est de Czernovitz, et les Autrichiens postés à Marmornitza, un terrible combat d'artillerie.

Documents historiques, récits et anecdotes

— UN CAPITAINE D'INFANTERIE S'ÉVADE D'UNE AMBULANCE ALLEMANDE. — Le capitaine Smith, du 6ᵉ de ligne, dont, depuis le mois de septembre, on était sans nouvelles, est arrivé ces jours-ci au Château (île d'Oléron), où il avait laissé sa famille.

Blessé grièvement d'une balle qui, après lui avoir perforé le foie, était ressortie par le dos, il fut ramassé sur le champ de bataille par les Allemands et transporté dans une de leurs ambulances, où il fut, dit-il, très bien soigné.

Convalescent et ayant appris son départ imminent pour la Westphalie, il résolut de s'évader et y parvint le jour même qui avait été fixé pour son départ en captivité.

Parvenu en Belgique, il put, grâce à des amis, se procurer des vêtements et des papiers qui lui permirent, non sans danger, de gagner la Hollande et l'Angleterre, d'où il est rentré en France.

De son séjour de quelques mois en Belgique, où il exerça diverses professions qui lui facilitèrent l'approche des officiers et des soldats allemands, dont il entendit les conversations, le capitaine rapporte cette impression que tous commencent à se rendre compte que cette guerre sera funeste à l'Allemagne.

— LE BLESSÉ DE 13 ANS. — L'hôpital 30, au Mans, possède lui aussi son petit héros : un gosse algérien de 13 ans, qui répond au nom compliqué de Mohamed ben Bouderbala, et qui a suivi les zouaves, soldats de son pays, depuis le début de la campagne.

Insoucieux de tout danger, il apportait la soupe dans les tranchées, le 6 février, quand il fut blessé à l'épaule.

On l'évacua comme un vrai militaire, et soigné, dorloté, ainsi qu'on l'imagine, il peut aujourd'hui conter avec fierté les combats qui se déroulèrent sous ses yeux d'enfant.

Le général Faurie, commandant en chef la 4e région, et le préfet de la Sarthe, M. Bordes, se sont fait présenter Mohamed, qui passera sa convalescence à la préfecture, avant de regagner Alger, où l'on s'occupera de lui. En attendant, il est la joie de l'hôpital 30, d'où il voudrait bien ne plus partir. Le cher gamin, au surplus, n'est point seul à penser ainsi. Par la plus heureuse collaboration, le général Faurie et M. Bordes, inlassablement secondé par Mme Bordes, ont obtenu les meilleurs résultats : subsistances sanitaires, ravitaillement, tout marche à souhait, à force d'union parfaite dans le service du pays.

Dépêches officielles

Premier Communiqué

Rien d'important à ajouter au communiqué d'hier soir.

A l'ouest de Lombaertzyde, l'ennemi a préparé deux attaques d'infanterie qui, prises sous notre feu, n'ont pas pu déboucher.

Le bombardement de Reims, signalé hier soir, a été extrêmement violent; il a duré une première fois six heures, une seconde fois cinq heures. Quinze cents obus ont été lancés sur tous les quartiers de la ville. Ce qui reste de la cathédrale, particulièrement visée, a gravement souffert; la voûte intérieure, qui avait résisté jusqu'ici, a été crevée; une vingtaine de maisons ont été incendiées. Vingt personnes, appartenant à la population civile, ont été tuées.

A l'est de l'Argonne, entre Malancourt et la Meuse, notre artillerie a imposé silence à une batterie allemande et a fait sauter ses caissons.

Sur le reste du front, rien de nouveau à signaler.

Deuxième Communiqué

Journée relativement calme, sauf en Champagne, où le combat continue dans de bonnes conditions. Nous avons enlevé de nouvelles tranchées dans la région de Beauséjour et maintenu nos gains des jours précédents.

Au nord-ouest de Verdun, à Drillancourt (région du bois des Forges), nos batteries ont fait sauter un dépôt de munitions.

Il se confirme que dans leur attaque du 21, au bois Bouchot, les Allemands, complètement repoussés, ont subi de très fortes pertes.

En Alsace, une attaque allemande a essayé de déboucher de la partie du village de Stosswihr encore occupée par l'ennemi; elle a été immédiatement arrêtée par notre feu.

24 FEVRIER 1915

Les Français réalisent de nouveaux progrès en Champagne, sur le front Perthes-Beauséjour. — Violent combat au Bois-Brûlé (sud de Saint-Mihiel). — Le torpilleur français « Dague » est coulé à Antivari. — Les Russes reprennent l'offensive dans les Carpathes et en Bukovine.

Situation des armées sur le front occidental

La journée du 23 février et la matinée du 24 ont été relativement calmes. Les combats les plus importants ont été livrés en Champagne, où nous avons réalisé de nouveaux progrès, et au sud de Saint-Mihiel, où nous avons également progressé dans le bois Brûlé (forêt d'Apremont).

Tous les yeux sont en ce moment tournés vers la Champagne, où malgré le laconisme des communiqués officiels, nous sentons qu'il se joue une grosse partie. Nous constatons avec satisfaction que nos progrès sont continuels et que, quoique lents, ils doivent impressionner l'ennemi qui n'était pas habitué à une pression aussi méthodique et aussi forte de notre part sur un front aussi étendu. Dès le début des opérations en Champagne, il a essayé de résister et de reprendre le terrain perdu en prononçant des contre-attaques à rangs serrés avec des effectifs imposants, suivant le vieux principe employé par lui, mais devant l'inefficacité des contre-attaques et en raison des pertes cruelles qu'il a éprouvées, il paraît avoir renoncé momentanément à cette tactique. Espère-t-il engager un de ces jours une grande bataille avec l'intention évidente de nous rejeter sur nos premières positions ? Il n'y aurait rien d'impossible à cela.

Nous serions fort étonnés, car maintenant nous y sommes

habitués, si les communiqués officiels de chaque jour ne nous disaient pas : « En Champagne, nous avons réalisé de nouveaux progrès et repoussé plusieurs contre-attaques. »

Ceux d'aujourd'hui nous annoncent modestement quelques actions heureuses vers Auberive-sur-Suippe (est de Reims) et de nouveaux progrès au nord de Perthes et au nord de Mesnil.   F. B.

Nouvelles diverses publiées par les journaux

— Le steamer américain *Carib* a touché une mine dans la mer du Nord, près de la côte allemande, hier 23 février, et il a coulé. Ce vapeur transportait 4.600 balles de coton.

— Le vapeur suédois *Specia* a heurté une mine dans la mer du Nord et il a coulé.

— Le paquebot faisant le service de Boulogne à Folkestone a été attaqué, hier, par un sous-marin allemand. Une torpille a passé à 30 mètres en avant du vapeur, mais il n'a pas été atteint.

— Le capitaine du *Kalibra*, qui vient d'arriver au port de Lydd, rapporte que deux bateaux anglais ont été torpillés par un sous-marin allemand en vue d'Hastings et de Rye. Les équipages sont sauvés.

— On annonce de Cuxhaven (Allemagne) que deux grands sous-marins ne sont pas revenus d'expédition. On les considère comme perdus.

— L'amirauté anglaise a fait connaître aux puissances neutres qu'à dater du 25 février le canal d'Irlande et le Pas-de-Calais seront fermés à la navigation. Notification régulière a également été faite du blocus de l'Afrique orientale allemande à dater du 1er mars.

— Un avion allemand a survolé la banlieue de Nancy, notamment Laneuveville, le 23 février; il a jeté 3 bombes puis il est passé sur la ville à une grande hauteur. Accueilli à coups de canon, il s'est éloigné.

— Le kaiser est, paraît-il, de retour à Berlin; son état de santé ne s'améliore pas et sa gorge le fait beaucoup souffrir.

— On annonce l'arrestation, à Bordeaux, d'un sujet allemand nommé Joseph Derbach, qui s'était embarqué sur le vapeur belge *Volhendel* comme sujet hollandais.

— On télégraphie de Lisbonne qu'une altercation assez vive a eu lieu le 22 février, devant un hôtel de Lisbonne, entre M. Joseph Caillaux et Edouard Burnay, fils du comte Burnay.

— On signale de Singapore qu'une émeute a éclaté dans le régiment indigène hindou. Les hommes étaient mécontents de certaines promotions et refusèrent d'obéir. Les désordres ont été réprimés par les marins anglais, français, japonais.

En Russie. — On ne signale aucun changement important sur le front de Prusse orientale. On s'attend à de rudes combats devant Ossowietz. La bataille devant Przasnysz est très opiniâtre.

Dans les Carpathes, toutes les attaques austro-allemandes ont été repoussées. Dans la période du 20 janvier au 20 février, les Russes ont capturé 48.000 hommes, 17 canons et 118 mitrailleuses.

En Turquie. — Le bombardement des forts des Dardanelles par la flotte franco-anglaise continue.

Les Russes rassemblent, paraît-il, une armée à Odessa. Cette armée sera débarquée à Middia pour attaquer Constantinople.

Documents historiques, récits et anecdotes

— Comme Cambronne! — Voici une anecdote authentique qui démontre la rare vigueur morale, le fier courage de nos réservistes :

Il s'agissait de reprendre une tranchée située à 150 mètres de notre ligne. Rien de plus ingrat que ces opérations de détail, où chacun sent que ni le succès ni l'insuccès ne modifiera la situation générale. Ce furent des réservistes qui en furent chargés.

Au signal donné, ils s'élancèrent sans hésitation, et franchirent les 150 mètres comme des chasseurs alpins. Cela n'est déjà pas mal; il faut plus de courage qu'on ne le suppose communément pour quitter la niche dont on a pris l'habitude et courir au-devant des balles et des mitrailleuses. Mais il y eut mieux encore ce jour-là. Il arriva en effet sur un point un de ces tristes incidents qui sont inséparables de toute offensive.

Une cinquantaine d'hommes se trouvèrent tout à coup coupés du reste de la colonne. L'élément de tranchée allemande dans lequel ils avaient pénétré était séparé du reste de la première ligne par une sorte de blokhaus, invisible du dehors et qui permettait de balayer la tranchée dans le sens de la longueur. En deux minutes, six ou sept Français tombèrent. Les autres se virent menacés de flanc aussi bien que de face et sans communications avec l'arrière. Ils tinrent bon. Pour se garer contre le feu d'enfilade, ils entassèrent devant le blockhaus des sacs de terre et des cadavres. Puis ils repoussèrent toute la journée les contre-attaques allemandes.

Vers la fin de l'après-midi, alors que leur situation devenait désespérée, un officier allemand leur cria en français de se rendre. Ils répondirent comme Cambronne et entonnèrent la *Marseillaise*. La nuit tombée le sous-lieutenant qui les commandait et qui avait reçu trois blessures, parvint à ramener les survivants, au nombre d'une vingtaine, jusqu'à la tranchée française. S'ils avaient tous été tués, leur héroïsme, ainsi qu'il arrive pour tant d'autres, fût resté ignoré.

Dépêches officielles

Premier Communiqué

Rien d'important à signaler depuis le communiqué d'hier soir, sinon quelques actions heureuses de nos troupes vers Auberive-sur-Suippe et un nouveau progrès au nord de Perthes.

Deuxième Communiqué

De la Lys à l'Aisne, combats d'artillerie parfois assez vifs et tous favorables pour nous.

En Champagne, au nord de Mesnil, nous avons réalisé de nouveaux progrès et repoussé plusieurs contre-attaques.

Notre artillerie des Hauts-de-Meuse a réduit au silence plusieurs batteries allemandes.

Des rapports complémentaires précisent l'importance particulière de notre succès aux Eparges et l'étendue des pertes ennemies. Sur une très petite partie du front enlevé par nous, nous avons déjà trouvé plus de 600 morts allemands. D'après des prisonniers faits depuis la fin de l'action, les deux régiments chassés de leurs positions par notre attaque ont perdu plus de 3.000 hommes, c'est-à-dire plus de la moitié de leur effectif.

Nous avons progressé au bois Brûlé (forêt d'Apremont).

25 FEVRIER 1915

Des aviateurs français jettent des bombes sur les gares et les rassemblements ennemis en Champagne. — Progrès des Français au bois Cheppy. — La flotte anglo-française continue la destruction des défenses extérieures des Dardanelles.

Situation des armées sur le front occidental

Dans le Nord, vers Lombaertzyde, notre artillerie a fait d'excellente besogne puisqu'elle a démoli un blockhaus, des observatoires ennemis et une batterie d'artillerie. Décidément notre artillerie lourde, qui possède les mêmes avantages que notre 75, et dont la portée est beaucoup plus longue, nous est un précieux auxiliaire dans cette guerre de siège. Entre Argonne et Meuse, elle a détruit les abris blindés de l'ennemi et en Champagne elle a arrêté net une attaque allemande sur l'ouvrage fortifié de Marie-Thérèse.

Dans la région champenoise, à l'est et au nord-est de Reims, la bataille continue et de nouveaux progrès ont été réalisés. Nos aviateurs ont pris une part active à la lutte; dans la journée du 24 février, ils ont jeté 60 bombes sur des trains et des rassemblements ennemis. C'est principalement au nord de Perthes et de Mesnil-les-Hurlus que les combats sont ardents et les progrès que nous réalisons sont d'un bon augure pour les opérations futures. Le résultat immédiat que nous obtenons est le dégagement de la ville de Reims qui va se trouver bientôt, espérons-le, hors de portée des projectiles incendiaires de l'ennemi.

Nous avons également fait un nouveau pas en avant sur Varennes, au nord-ouest de Verdun. Dans le bois Cheppy, nous avons encore progressé grâce à notre artillerie lourde qui a détruit les abris blindés de l'ennemi. Nous avons ensuite résisté à une contre-attaque ennemie et nous avons conservé le terrain conquis.

En Lorraine et en Haute-Alsace, l'artillerie seule a donné, on ne parle que pour mémoire de quelques escarmouches, notamment d'une rencontre de patrouilles près de la forêt de Parroy. Les Allemands se sont enfuis à notre approche.

F. B.

Nouvelles diverses publiées par les journaux

— Le vapeur *Deptford*, du port de Londres, a été coulé hier, 24 février, par un sous-marin allemand, au nord de Scarborough.

— Le vapeur anglais *Rio-Parana*, qui transportait 6.000 tonnes de charbon, a été torpillé et coulé hier par un sous-marin allemand, au large de Beachy-Head. Un autre vapeur, le *Vestern-Coast*, a également été coulé, soit par un sous-marin, soit par une mine.

— Le steamer *Brankown-Chine*, qui a été torpillé hier dans la Manche, a coulé malgré les efforts tentés pour le faire échouer.

— Trois avions allemands ont survolé Reims le 24 février; accueillis à coups de canon, ils ont pris la fuite. L'un d'eux a lancé ensuite deux bombes sur une usine dont la toiture a été endommagée.

— Un aviateur anglais a fortement endommagé trois avions allemands qui s'étaient élevés d'un champ d'aviation entre Thourout et Ostende.

— Un lieutenant aviateur anglais s'est tué ce matin, 25 février, aux environs de l'école d'aviation de l'Avon, alors qu'il pilotait un biplan.

— On annonce qu'un gros canon allemand, employé au bombardement de Thann (Alsace), a fait explosion le 23 février, tuant un officier et cinq canonniers.

— Un prisonnier de guerre français, Louis Abraham, détenu au camp de concentration de Frauenstein, vient d'être condamné à 13 ans de prison pour avoir attaqué une sentinelle.

— On annonce de Rome que les Autrichiens ont remis à flot le sous-marin français *Curie,* qui avait été pris dans le filet défendant l'entrée du port de Cattaro. Ils ont dû renoncer à utiliser le sous-marin, personne ne connaissant le fonctionnement des mécanismes électriques.

— Le général Pau est arrivé à Bucarest le 24 février; il a été l'objet d'une réception enthousiaste de la population.

— A la séance de la Chambre française du 25 février, M. Deschanel, président, a rendu un solennel hommage à la mémoire de M. Frédéric Chevillon, député des Bouches-du-Rhône, qui vient d'être tué à l'ennemi.

En Russie. — La bataille se développe en Prusse orientale, notamment dans la région de Praznysz, où les actions deviennent de plus en plus vives. Deux régiments russes, que l'on croyait anéantis, ont percé les lignes allemandes et sont sortis des forêts d'Augustowo. La cavalerie russe a fait prisonnier un détachement allemand qui avait traversé le Niémen pour faire sauter la ligne de chemin de fer de Varsovie.

La bataille se continue dans les Carpathes.

Les Russes amènent par voie ferrée des renforts en Bukovine.

En Turquie. — Les forts intérieurs des Dardanelles sont détruits sur un tiers de la traversée du détroit, le bombardement continue; Constantinople est alarmé, les habitants aisés s'enfuient en Asie.

Documents historiques, récits et anecdotes

— Notre succès des Eparges. — L'investissement de Verdun a toujours été l'un des objectifs de l'état-major allemand. Il y a employé de grands moyens. On sait qu'ils furent coûteux et inutiles.

L'offensive allemande, menée au sud-est du camp retranché, sur la Meuse, a été arrêtée à Saint-Mihiel, et l'ennemi n'a pas pu progresser sur les Côtes-de-Meuse, qui forment à l'est la défense de la place.

Sur ces hauteurs, la ligne du front était demeurée depuis plusieurs mois immuable.

Lorsqu'ils portèrent leurs efforts sur Saint-Mihiel, les Allemands réussirent à mordre sur les Côtes-de-Meuse, au nord-est de la ville.

Ils occupent Vigneulles-lès-Hattonchâtel et la forêt de la Montagne.

Plus au nord, leur emprise se rétrécit; ce ne sont pas les Côtes-de-Meuse elles-mêmes qu'ils tiennent, mais la partie méridionale d'une ligne de hauteurs qui les borde du sud au nord. Nous occupons nous-mêmes l'extrémité nord de ce bastion avancé de la falaise lorraine; la côte de Hure et la forêt de Montgimont.

Dans le vallon qui sépare ces hauteurs des Côtes-de-Meuse proprement dites, quelques maisons composent le village des Eparges.

C'est à l'est de ce village que sont creusées les premières tranchées allemandes. Sur la crête de la colline, l'ennemi a organisé une position très forte, une sorte de grande redoute, bastionnée aux deux extrémités ouest et est, et dont la courtine est formée par deux lignes de tranchées.

Cet ouvrage défend les deux cols qui, du village de Combres à la lisière de la Woëvre, conduisent l'un aux Eparges, l'autre à Saint-Rémy.

Le village des Eparges est entre nos mains. Saint-Rémy a été enlevé aux Allemands par un coup de main, le 9 février. Une progression de notre part dans cette région menace donc la position des Allemands de la forêt de la Montagne et indirectement leur occupation de Saint-Mihiel.

Ainsi s'explique l'acharnement mis par nos adversaires à défendre leur redoute des Eparges.

Notre attaque avait été préparée par une avance méthodique à la sape. Par des boyaux, nous avions cheminé depuis le fond du vallon vers les tranchées ennemies, devant lesquelles des fourneaux de mine avaient été installés.

La panique des Bavarois. — Le 17 février, au matin, le feu était mis aux mines. Une ligne d'entonnoirs bouleversait le glacis, offrant une première protection à nos troupes d'assaut.

Celles-ci attendirent que le canon leur ouvrit la route.

Notre préparation d'artillerie, particulièrement intense, obtint des résultats remarquables. Toutes les défenses accessoires furent détruites; la rapidité et la précision du tir produisirent en même temps une impression de terreur sur l'ennemi.

Un officier du 8e bavarois, fait prisonnier, a déclaré qu'il n'avait pu prévenir la panique de ses hommes. La plupart s'étaient enfuis; presque tous ceux qu'il put retenir furent tués et lorsque les Français apparurent, baïonnette au canon, les survivants se rendirent. Ils n'étaient plus que 25.

Dès que notre artillerie eut allongé son tir, nos troupes d'assaut s'avancèrent vers le bastion ouest, objectif désigné de l'attaque. Elles avaient occupé d'abord les entonnoirs d'explosion de mine, puis successivement la première et la deuxième lignes de tranchées. Tout le bastion ouest était à nous.

En face du bastion est, profitant de l'effet de surprise produit sur l'ennemi, nous avions également enlevé une partie de l'ouvrage. Au total, notre gain représentait 500 mètres de tranchées et nos pertes en hommes étaient très minimes.

Dans la nuit du 17 au 18, l'ennemi commença à bombarder les positions qu'il avait perdues. Le 19, au matin, il tenta sans succès une contre-attaque. Dans l'après-midi, le bombardement redoubla d'intensité. L'ennemi avait concentré le feu de plusieurs pièces de 210 et de 150 sur ce point, qu'il lui était facile de repérer. Le commandement fit évacuer momentanément le bastion ouest.

A la fin de la journée, ordre fut donné de reprendre la position. Nos batteries rouvrirent le feu sur les tranchées que l'ennemi avait de nouveau garnies; puis nos troupiers complétèrent leur succès à la baïonnette, par un corps à corps d'une extrême violence.

Dans une seule tranchée, un de nos officiers compta deux cents cadavres allemands. Les survivants — vingt-cinq — s'étaient rendus.

Cinq contre-attaques allemandes. — La journée du 19 est marquée par cinq contre-attaques allemandes : la première dès le matin, la cinquième vers minuit. Elles sont toutes soit enrayées par l'artillerie, soit repoussées par l'infanterie. L'ennemi y éprouve de lourdes pertes.

Le 20 février, nous déclanchions une nouvelle attaque sur le bastion est. Nous nous emparons d'un bois de sapins où les tranchées allemandes formaient le saillant avancé du bastion. Nous y faisons plus de 200 prisonniers, dont 2 officiers. Dans la tranchée, nous trouvons trois mitrailleuses et deux *minenwerfer*.

Sur la courtine, nous avons également tenté une attaque. Nous perçons la ligne, mais nous ne réussissons pas à nous y maintenir.

Une contre-attaque ennemie sur le bastion ouest n'a pas plus de succès que les précédentes. De nombreux cadavres allemands gisent sur le glacis.

Pendant la nuit, les Allemands jettent des bombes et des pétards pour gêner nos travailleurs qui organisent la position conquise. Le 20, au matin, ils déclanchent sur le bois de sapins une attaque massive — c'est la septième — sous le poids de laquelle nos soldats fléchissent un instant. Mais par une contre-attaque vigoureuse, ceux-ci reviennent à la lisière ouest du bois et gagnent dans les tranchées formant courtine entre les deux bastions une longueur d'une centaine de mètres.

Le 21, nous repoussons encore une contre-attaque allemande; c'est la dernière. L'ennemi est manifestement épuisé.

Dans une partie de l'ouvrage conquis, nous avons enterré les cadavres allemands. On en a déjà enseveli 300. Il en reste au moins autant autour de l'ouvrage, et sur les pentes, jusqu'à Combres, on en aperçoit encore.

Les pertes ennemies peuvent être évaluées à 3.000 hommes, soit la moitié des effectifs engagés.

Au cours de ces combats se sont affirmées la maîtrise de notre artillerie et les incomparables qualités offensives de notre infanterie.

Après cinq mois de tranchées, celle-ci n'a rien perdu de sa bravoure et de son entrain; mais elle a appris à être prudente et manœuvrière, et l'efficacité de notre artillerie lui donne une confiance qui est un des meilleurs éléments du succès. La parfaite liaison des deux armes n'a cessé d'être pratiquée dans ces combats des Eparges.

Ce résultat est à l'honneur du commandement. Il a préparé avec méthode et lancé avec énergie une attaque qui nous a assuré une position avantageuse, en même temps qu'un réel ascendant moral sur l'adversaire.

Dépêches officielles

Premier Communiqué

Près de Lombaertzyde, notre artillerie a démoli un blockhaus et des observatoires ennemis.

En Champagne, nous avons maintenu les nouveaux progrès réalisés hier et toutes les contre-attaques ennemies ont été repoussées. Nos aviateurs ont lancé 60 bombes sur les gares, les trains et les rassemblements ennemis; ce bombardement, qui a pu être contrôlé, a été très efficace.

En Argonne, à Marie-Thérèse, l'ennemi a tenté une attaque qui a été immédiatement arrêtée.

Entre Argonne et Meuse, au bois de Cheppy, nous avons réalisé de nouveaux progrès. Notre artillerie lourde a détruit des abris blindés. L'ennemi n'a pu nous reprendre les tranchées conquises par nous.

En Lorraine, près de Parroy, rencontre de patrouilles; les Allemands ont été mis en fuite.

Deuxième Communiqué

Dans la région de Lombaertzyde notre artillerie a réduit au silence et gravement endommagé une batterie ennemie.

La journée a été relativement calme sur le front depuis la Lys jusqu'en Champagne.

Dans la région Souain-Beauséjour, les opérations ont continué dans des conditions favorables pour nous. Nous avons notamment enlevé un ouvrage allemand au nord de Mesnil, décimé et dispersé par notre feu une colonne en marche au sud-est de Tahure, éteint le feu d'une batterie ennemie et fait sauter plusieurs caissons.

En Argonne, au ruisseau des Meurissons, près du Four-de-Paris, nous avons détruit un blockhaus.

A Marie-Thérèse, une attaque allemande a essayé de déboucher, elle a été arrêtée net par notre feu.

26 FÉVRIER 1915

Les Anglais progressent sur la route de la Bassée. — Nouveaux progrès en Champagne. — Une grande bataille est engagée en Prusse Orientale dans la région de Prasnysz. — La flotte anglo-française commence la destruction des forts intérieurs des Dardanelles.

Situation des armées sur le front occidental

Les derniers communiqués font mention de nouveaux progrès en Champagne et dans la vallée de la Meuse, au nord de Verdun et au sud de Saint-Mihiel.

Ils nous parlent également de combats en Belgique, combats de peu d'importance sans doute, puisque l'un a été livré par l'armée belge pour reprendre un élément de tranchée qui avait été perdu et l'autre par l'armée anglaise pour refouler une attaque allemande.

Il nous parvient de source privée que les contingents anglais nouvellement débarqués se sont joints à l'armée anglaise de première ligne et que la relève de notre 16e corps d'armée, qui se trouvait vers Ypres, est presque complètement effectuée.

Les opérations en Belgique sont encore très difficiles, les tranchées sont toujours envahies par l'eau; il faudrait une période assez longue de beau temps pour que le niveau de l'eau baisse suffisamment pour dégager les tranchées et les terrains qui les environnent. Les Allemands seront peut être alors tentés de reprendre la route de Calais, mais ils trouveront devant eux une armée anglaise fortement établie et suffisamment renforcée.

En Champagne, les progrès ont continué pendant la journée d'hier et la matinée d'aujourd'hui. C'est toujours sur la ligne Souain-Beauséjour et principalement au nord de Perthes et de Mesnil-les-Hurlus que nous refoulons l'ennemi. Nous enlevons peu à peu ses tranchées et nous détruisons ses ouvrages fortifiés. Au nord de Mesnil, nous sommes arrivés au sommet d'une crête d'où nous dominons une vaste étendue de terrain occupé par les Allemands.

Au nord de Verdun, aux Jumelles-d'Ornes, notre artillerie a bouleversé des abris et des tranchées ennemis, ce qui semble être une préparation d'offensive; au sud de Saint-Mihiel, au bois Brûlé, nous avons enlevé des tranchées où nous avons fait des prisonniers et où l'ennemi a abandonné du matériel de guerre et de nombreux morts. La journée a donc été bonne pour nos armes. F. B.

Nouvelles diverses publiées par les journaux

— Le torpilleur d'escadre français *Dague*, qui escortait un convoi de ravitaillement pour le Monténégro, a heurté une mine autrichienne en rade d'Antivari, le 24 février. Il a coulé et sur son équipage, qui comprenait 4 officiers et 77 hommes, 38 ont disparu.

— On annonce de Copenhague que le 21 février, à hauteur de Mandal (Norvège), un sous-marin a été aperçu ayant arboré le pavillon de détresse. Tout à coup le sous-marin a disparu, il avait coulé à fond. Il y a tout lieu de croire que c'est un sous-marin allemand.

— Le gouvernement allemand vient d'envoyer à Pola trois nouveaux sous-marins. Ils doivent être lancés cette semaine et prendre part dans l'Adriatique à la campagne contre les navires neutres.

— Le 23 février, un avion allemand qui survolait les lignes françaises a été abattu par un obus à Nœux (Picardie).

Un autre avion, qui avait survolé la région de Lunéville, a été abattu par nos artilleurs aux environs de Baccarat.

Un troisième a été abattu par les troupes françaises à Largitzen.

— Un zeppelin a été détruit à Pola (Adriatique). Pendant une ascension, il a été emporté par un ouragan et il a disparu dans l'Adriatique avec son équipage.

— Le 24 février, des avions alliés ont survolé les lignes allemandes dans la région de La Bassée; ils ont découvert six batteries allemandes qui ont été réduites au silence par l'artillerie lourde.

— On annonce de Genève que la fille du général Leman a adressé aux autorités allemandes une demande tendant à obtenir que son père, qui est privé de l'usage de ses jambes, soit compris parmi les blessés grièvement et renvoyé en Belgique.

En Russie. — La contre-offensive russe en Prusse orientale se développe d'une façon favorable pour nos alliés. A Assovietz, l'artillerie de forteresse russe riposte avec succès au feu des batteries allemandes. L'ennemi concentre toujours ses efforts sur Prasnysch.

On annonce une victoire russe importante dans le centre de la Pologne, sur la rive gauche de la Vistule.

Dans les Carpathes, aucun changement n'est signalé. En Galicie, la forteresse de Przemysl tient toujours, les munitions sont abondantes, mais les vivres font défaut.

A l'aile gauche russe, Sadagora, qui se trouve à 6 kilomètres de Czernovitz, a été réoccupé par les Russes.

En Turquie. — Après la destruction complète des forts situés à l'entrée des Dardanelles, la flotte alliée a pénétré dans les détroits, les forts intérieurs ne répondent plus que faiblement.

Le croiseur français *Desaix* a fait, le 23 février, une démonstration sur Abaka (mer Rouge). Une compagnie de débarquement a dispersé les Turcs qui occupaient cette localité.

Documents historiques, récits et anecdotes

Exploit d'un Irlandais. — Depuis plus d'une semaine, notre 1er bataillon tenait, près de La Bassée, des positions où les pertes étaient formidables.

Les Allemands perdaient certes autant de monde que nous, mais le jour où deux de nos officiers se trouvèrent parmi les tués, nous résolûmes d'enlever leur position d'assaut le lendemain à 2 heures.

Les Français étaient à notre droite, ma compagnie est la deuxième et le caporal O'Leary est de la première qui se trouvait à notre gauche, puis des coldstreamguards.

A 2 heures, les artilleries française et anglaise ouvrirent le feu; nous avions ordre de rester dans notre tranchée et de tirer aussi sans relâche avec nos fusils et nos mitrailleuses pour empêcher l'ennemi de bouger.

La compagnie de O'Leary, baïonnette au canon, sortit avec un hourrah de son abri et chargea. Les hommes allaient à une belle vitesse, mais O'Leary, qui a dû égaler un record sur ces 150 yards, les dépassait de beaucoup.

Arrivé près de la tranchée allemande, il se jeta à terre et massacra cinq mitrailleurs qui s'y trouvaient, avant même qu'ils aient pu retourner leur mitrailleuse. Les autres Allemands s'enfuirent; O'Leary les poursuivit, en tua trois, prit une autre barricade et deux Allemands encore derrière.

L'ennemi avait été mis en pleine débandade. Si O'Leary n'y avait pas été de si bon cœur, l'ennemi avait le temps de mettre sa mitrailleuse en action et la compagnie n° 1 aurait sans doute été à peu près anéantie.

O'Leary, qui revint du combat aussi flegmatiquement que jamais et sans une blessure, eut le bras à peu près disloqué, ce jour-là, par les poignées de main des hommes de tout le régiment.

Dépêches officielles
Premier Communiqué

L'armée belge a repris un petit élément de tranchée qu'elle avait un moment perdu.

L'armée anglaise a, en Belgique, repoussé une attaque allemande et, d'autre part, gagné une centaine de mètres sur la route de La Bassée.

L'artillerie allemande s'est montrée assez active dans la vallée de l'Aisne; nos batteries l'ont réduite au silence dans l'après-midi.

En Champagne, nos progrès se sont poursuivis : nous avons gagné du terrain dans les bois au nord-ouest de Perthes et au nord de Mesnil-les-Hurlus.

L'action continue dans la vallée de la Meuse; aux Jumelles-d'Ornes nous avons détruit des abris de mitrailleuses et bouleversé les tranchées ennemies.

Nous avons réalisé de nouveaux progrès au bois Brûlé (forêt d'Apremont); les Allemands ont été chassés de plusieurs des boyaux de communication entre les tranchées; ils ont subi des pertes sérieuses et ont abandonné sur le terrain de nombreux boucliers et outils.

Deuxième Communiqué

Canonnades sur tout le front.

En Champagne, nos progrès ont continué. Au nord de Mesnil, nous sommes arrivés, en enlevant deux lignes successives de tranchées, jusqu'à la crête du mouvement de terrain occupé par les Allemands.

Plus à l'ouest, nous avons étendu notre occupation par la conquête d'une fraction importante des lignes ennemies.

De l'Argonne aux Vosges, rien à signaler.

Le 20ᵉ fascicule paraîtra incessamment
Réclamer les fascicules précédents.

NIORT. — IMP. TH. MARTIN